철학 이야기(상)

현대사상연구회 엮음

차 례

인간을 가리켜 '생각하는 갈대'라고 한다. 드넓은 저 우주에 비할 때 정말 보잘것없는 하나의 미소(微少)한 존재이나, 그 드넓은 우주를 인식하는 존재이기 때문에 위대하다는 것이다.

원숭이로부터 우주선(宇宙船)을 띄우게 되기까지 수만 년의 아득한 역사의 흐름 속에서 미소한 인간은 놀라운 발전을 이룩해 왔다.

'무지(無知)의 지(知)'로부터 출발한 인류의 사상은 수많은 고난과 역경과 절망을 헤치며 보다 나은 현실, 한층 행복한 세계, 더욱 충실한 생을 영위하려는 노력을 해왔다.

돌이켜 보건대. 수천 년을 굽이쳐 흘러온 '사상'의 강변의 무성한 숲을 보라! 총명한 인간의 지혜와 양심이 뭉쳐서 역사의 하늘에 찬란히 펼쳐진 별들을 보라! 그들은 오직 자기의 신념을 위해 권세도, 명예도, 사소한 개인적인 행복마저도 돌보지 않고 혹은 단두대를, 혹은 독배(毒杯)를, 혹은 화형(火刑)을 사양치 않았던 것이다.

오늘 우리가 이어받은 찬란한 문명의 꽃다발은 모두 이들의 피와 땀과 죽음을 무릅쓴 신념의 유산으로 이루어진 것이다.

인류의 역사는 끊임없이 흐른다. 그와 함께 수없는 지류(支流)를 모아 가며 사상의 대하(大河)로 흐른다. 무엇 때문에, 무엇을 위해? 이것은 인간의 생존에 대한 영원한 화두(話頭)이다. 말하자면 이 책은 이러한 화두들을 모아 본 것이라고 해도 좋을 것이다.

정치·경제·사회·문화·철학 각 방면에 걸친 위대한 사상가들의 저서에서 가장 근간(根幹)이 될 수 있다고 생각되는 구절들을 선별하여, 거기에 일일이 해설과 사상가들의 약력을 붙였고, 한편 각 세기마다 개관(概觀)을 넣어서 이 책이 단순한 사상사 책으로서가 아니라 사상 사전으로도, 또한 명저 해설서로도 이용될 수 있도록 고려했다.

난해하고 계통이 서지 않은 사상사 서적이 범람하는 우리나라의 현실에서, 학구열에 불타는 많은 이에게 이 책이 조금이나마 도움이 된다면 다행이겠다.

엮은이

철학 사상 이야기(상)

제1장 고대 오리엔트 제국

개관

인류가 많은 체험을 기초로 해서 사색해 온 결과 사상이라고 하는 수확을 얻은 것은 아주 먼 시대의 일이다. 고대 오리엔트 제국, 다시 말하면 나일 강이나 유프라테스 · 티그리스 두 강의 유역에 인류가 모여 생활하면서 문화를 가지게 된 것은 만 년이라는 옛날의 일이었다고 전해져 온다. 문화의 줄기는 인도의 인더스 강 유역에도 미쳤으므로 광의로 해석한다면 인도의 고대 문명까지 포함해도 좋을 것이다.

다신교(多神教)의 시대

이집트에서는 아멘호테프 4세 (기원전 1377경-1336경)의 시대에 일신교의 수립이 엿보인다. 그 이전에는 황소, 악어, 사자 같은 모양을 가진 신들이 숭배되었는데, 그것이 이른바 우상 숭배의 다신교 시대이다. 그리고 아주 오랜 세월에 걸쳐 《사자(死者)의 서(書)》가 중요시되었다. 이것은 사후(死後)의 인간 생활에 관한 신성한 책이었다. 유프라테스 · 티

그리스 두 강이 흐르는 메소포타미아에서는 기원전 7세기경부터 갈라디아인들 사이에서 점성술이 발달했고, 따라서 천문학도 번성하였다. 또 메소포타미아의 동쪽에 살던 페르시아인들은 기원전 7세기경부터 조로아스터의 출현에 의해서 선과 악 두 신의 대립·투쟁을 가르치는 조로아스터교를 가지게 되었다. 조로아스터교는 아리안 민족의 고대 신앙과도 연관성이 있다. 조로아스터교의 《아베스타》라고 하는 경전은 인도에 들어간 아리안 민족의 경전 《베다》와 밀접한 관계가 있다. 또한 주신(主神)인 아후라 마즈다는 아리안 민족의 바루나 신과 연결된다. 사실 조로아스터교는 페르시아에 옛날부터 전해져 온 신앙을 기초로 해서 앞서 말한 아리안 민족의 신앙을 받아들여서 성립된 것이다. 또한 오늘의 이스라엘 공화국 근처에 살고 있던 이스라엘인들은 처음에는 다신교를 신봉해 왔으나 야훼(여호와)를 믿게 되어 유태교라고 하는 일신교를 확립했는데, 《구약성서》는 그 경전인 것이다. 이는 일신교로서 무척 앞선 것이며 뒤에 기독교의 모태가 되었다.

불교의 모태(母胎)

인도에서는 불교의 모태가 된 브라만교가 일어났다. 브라만교는 기원전 12세기경 서북부에서 인도에 들어온 아리안 민족의 종교인데, 이 민족은 상당히 종교적인 민족으로서 많은 신들을 받들고 있었다. 이 브라만교가 점차로 발달하는 가운데 기원전 6세기경에는 불교와 자이나교도 등장했다. 브라만교는 유태교와 달리 반드시 일신교라고는 할 수 없다.

유태교의 신인 야훼는 나 이외에 다른 신을 믿지 말라고 하는 질투의 신이다. 그러나 브라만교에서는 다른 신을 믿어도 그것은 결국 자기의 신을 믿는 것이라고 하는 관대한 태도를 볼 수가 있다. 즉 다시 말하면 관용의 신이라고 해도 좋을 것이다. 동양인들이 전통적인 감정으로 지니고 있는 관용의 사상은 이러한 사고방식에서 그 원천을 찾을 수가 있다.

고대의 책

나는 굶주린 사람에게 빵을 주고 목마른 사람에게 물을 주며 헐벗은 사람에게 옷을 주고 조난을 당한 사공에게 배를 주었다.

《사자의 서》

이것은 인간의 윤리적 감정을 나타내는, 아주 오래된 말로서 유명한 것이다. 타인에 대한 사랑이 수천 년 전 시대의 이집트인의 마음속에도 있었다는 것을 생각할 때 아득한 인류의 영혼에 대해서 일종의 향수를 느끼게 된다.

《사자의 서》는 이집트인들이 죽은 사람의 시체와 함께 묻은 것이었다. 제18왕조(기원전 1570-1345) 시대에 성립된 것으로서 옛날부터 전해져 오던 것을 모은 것이다. 《사자의 서》는 이 유한한 세상에서 영원한 사후의 세계에 들어가기 위한 마음의 준비를 가르친 것으로 현대인으로서는 쉽게 이해되지 않는 측면도 있다. 그와 같은 풍속·습관에도 불구하고 이 책에 씌어 있는 어떤 부분은 아주 신선하다.

《사자의 서》의 일부분으로 히에로 글리프(신성문자)로
기록되어 있다.

1. 너희는 나 외에 다른 신을 믿지 말라.

2. 너희는 너희를 위해서 우상을 만들지 말라.

3. 너희는 너의 신의 이름을 망령되이 부르지 말라.

4. 안식일을 기억하고 거룩하게 지키라.

5. 너희 부모를 공경하라.

6. 너희는 살인하지 말라.

7. 너희는 간음하지 말라.

8. 너희는 도둑질하지 말라.

9. 너희는 이웃에 대해서 거짓말하지 말라.

10. 너희는 네 이웃을 탐내지 말라.

《구약성서》, 〈출애굽기 · 십계〉

　모세의 십계는 유태교의 교리를 확립한 것으로, 유태교를 모태로 한 기독교와 공통되는 부분도 있지만 다른 부분도 많이 있다. 일신교로서 다른 종교를 믿지 말라고 강조하고 있는 점에 있어서는 모세나 그리스도나 마찬가지지만, 그리스도는 이웃 사랑을 강조하고 있다. 너희 원수를 사랑하라고 하는 철저한 사랑의 가르침은 십계명에서는 볼 수가 없다.

　이 가르침에서 우리는 일신교의 가르침이 얼마나 엄격한 것인가를 배워야 한다. 유럽인들의 정신사는 유태교의 후신인 기독교를 중심으로 해서 발달한 것이다.《성서》의 가르침은 절대적인 것으로 지켜져 왔으며, 근대에 이르러서 자연과학이 발달하고 지동설(地動說)이나 진화론(進化論)이 제창되었을 때 유럽인들은 기독교와 싸우지 않으면 안 되었다. 이교도를 탄압하고 다른 분파와 싸우며 이단을 불에 태웠으며, 카톨릭과 프로테스탄트가 서로 신의 이름을 부르면서 피를 흘렸다. 모세의 십계는 일신교로서의 유태교의 교리를 충분히 설명하고 있다.

제2장 그리스 시대의 사상

개관

고대 그리스 사회는 폴리스 중심의 사회였다. 폴리스란 도시를 단위로 하는 소자치체(小自治體)로서, 이것을 기반으로 시민 사회가 발달했다. 따라서 문화도 그런 특색을 잘 반영하고 있다.

그것을 문화사적으로 본다면 대개 3기로 나눌 수가 있다. 최초의 시기는 그리스 본토 여러 곳에 폴리스가 형성됨에 따라서 그리스 독자의 문화가 싹트기 시작한 시기이다. 이것은 대략 기원전 8세기 중엽부터 6세기 중엽까지라고 확정되고 있다. 그에 따라서 기원전 6세기 말부터 민주 정치가 번창하고 문화는 비약적 발전을 했다. 기원전 4세기 중엽부터는 그리스는 정치적 독립을 상실하였기 때문에 문화는 그 자체의 발전을 위한 것보다는 주변의 여러 지역으로 퍼지는 경향이 많아졌다. 이것이 바로 협의의 헬레니즘 시대인 것이다.

그리스 문화는 상당히 강한 개성을 지니고 있으며, 문화의 발단이 된 종교도 이 성격을 나타내고 있다. 처음에는 여러 부족신이었던 것이 점차로 교류되면서 기원전 9세기에 이르러서는 통일적인 체계가 나타났다. 제우스를 주신으로 하여, 혈연 중심의 여러 신들이나 거기에 종속하는 신들의 지위가 정해진 것이다. 그 중에서도 12신이 올림포스 산상에 신정정부(神政政府)를 만들고 이 밖에 자연계, 인간계의 각 부분을 주관하는 신이 존재한다고 생각하였고, 따라서 폴리스는 각자의 수호신을 가지고 있었다. 신들은 어느 신이나 극히 인간적인 성격을 가졌으며 또한 현실적이었다. 이것은 그리스의 여러 신들의 커다란 특색이며, 그 사정은 신화 속에서 생생하게 전해지고 있다.

개인의식이 성장함에 따라서 개인의 영혼을 문제로 하는 윤리적인 종교가 나타났다. 즉 데메테르나 디오니소스의 신앙이 바로 그것이며, 디오니소스로부터는 오르페우스교 같은 밀의신앙(密儀信仰)이 나타나서 민간에 침투해 갔다. 지식인의 일부에서도 올림포스 신에 대해 회의를 품은 사람이 나타나서 크세노파네스(기원전 6세기경)가 말하는 것과 같은 철학이 나왔다. 그러나 그 폐쇄적인 신앙은 자유롭고 개방된 시민 생활에 배치되는 것이어서 지배적인 것은 되지 못했다.

학문의 형성

이때에 이오니아의 식민지에서 학문이 형성되기 시작했다. 이오니아는 고대 오리엔트의 문화를 받아들이기 쉬운 위치에 있었고 또 상업이 번창하고 있었으므로 과학의 발달이 촉진되었던 것이다. 그러므로 이오니아학파의 철학자들은 동시에 자연과학자이기도 했다. 그들은 인간의 세계에 신화와 동떨어진 자유로운 해석을 가하였다.

이오니아 철학의 중심은 우주론이다. 그들은 만물을 끊임없이 변화하는 현상으로 보고 거기서 근원을 찾으려고 했다. 탈레스(기원전 640?-546?), 아낙시만드로스(기원전 611-546?), 아낙시메네스(기원전 585-528?) 등이 독자적인 해석을 하였다. 우주를 합리적으로 해석하려고 한 것이다. 그러나 직관적이고 사변적인 것에 머물러 있었다. 오리엔트에서는 학문의 세계도 종교가 크게 지배하고 있었으나, 그리스에서는 학문을 이론적으로 규정지으려고 한 것이다. 뒤이어 남이탈리아에서는 피타고라스학파가 일어나서 만물의 본질을 수(數)라고 생각하고 조화의 개념을 중요시하였다.

한편 기원전 9세기경부터 그리스 문학이 확립되어 구송문학(口誦文學)이 일어났으니, 이것은 먼저 민족의 역사를 노래한 서사시로서 나타났다. 호메로스(기원전 800 이전)의 《일리아드》와 《오디세이》가 이것을 대표하는 것으로 유명하다. 이들 서사시는 그리스의 여러 민족의 신화를 집성한 것으로 씨족 사회에 있어서 족장들의 영웅적인 행동을 말한 것이다. 뒤이어 나타난 헤시오도스(기원전 8세기경)는 호메로스와 대조적인 시인이었다. 그는 농민 출신으로 《노동과 나날》속에서 노동의 고귀함을 노래하고 있다. 또한 《신통기(神統記)》는 신들의 탄생이나 계보에 대해서 기술한 서사시이다.

호메로스가 실존했는지의 여부에 대해서는 정확한 근거가 없다. 그러나 헤시오도스는 그리스 사상 최초의 개인으로서 등장한 인물인 것이다. 다시 기원전 6세기에 들어가서 서정시가 한창 일어나서 점점 개성을 중시하는 풍조가 강하게 되었다. 이때 사포(기원전 612-?)와 아나크레온(기원전 572?-488?)이 등장했다. 또한 우화 작가인 이솝(기원전 6세기경) 같은 사람들도 이 시기에 속하는 작가들이다.

아테네와 스파르타라고 하는 두 개의 특성 있는 폴리스가 완성되었을 때 폴리스의 자치에 배치되는 전제주의적인 페르시아와의 사이에서 페르시아 전쟁(기원전 492-479)이 일어났다. 이 전쟁의 승리가 그리스 문화의 발달에 획기적인 변화를 가져왔다. 그리고 2세기 동안 민주 정치를 찬란히 꽃피웠던 아테네가 그리스 문화의 지도적 위치에 서게 되었다.

그때까지 평민들은 종교적 · 도덕적인 사상을 무조건 받아들였으나, 이제는 더 이상 전설적인 권위에 휩쓸리지 않겠다는 생각이 고개를 들기 시작했다. 소피스트들은 이러한 열정에 호응하여 나타났다. 그리고 종교, 도덕, 법률 등에 대해서 회의적 · 비판적인 언론을 꾀하였다. 법을 신성시하는 종래의 의식에 대해서 법은 강자가 약자를 지배하기 위해서 만든 것이라고 하는 견해를 가진 사람도 있었다. 또한 종래의 철학의 중요한 테마는 우주였으나 점차로 인간 중심의 사색으로 옮겨져 갔다. 소피스트의 대표자는 프로타고라스(기원전 500?-430?)와 고르기아스(기원전 483?-376?)이며, 그들은 인간 사회의 관습(노모스)을 상대적인 것으로 생각하고 경시하였다. 어떠한 전통적인 권위에도 휩쓸리지 않고 좁은 폴리스 중심의 생활권을 넘어서 개인의 입장을 확대시키려고 하는 사고방식이었다.

그러나 소피스트들이 실제로 행한 일은 공공(公共)의 자리에서 민중을 설득하기 위한 변론술(辯論術)을 가르치는 것뿐이었다. 그리고 민중은 변함없이 올림포스 신에 대한 신앙과 민간 종교를 버리지 않았다. 이런 것은 뒤에 아리스토파네스(기원전 448?-380?)의 비극 속에서 소피스트의 무신론이 풍자되고 있는 것을 보아도 알 수 있다.

변증법(辨證法)의 선구

이상에서 말한 것과 더불어 자연과학도 다시 진보하여 불변하는 본질(本質)과 끊임없이 변화하는 현상(現象)과의 관계가 탐구되었다. 그 중에서도 헤라클레이토스(기원전 540?-?)의 만물유전설(萬物流轉說)이라든가 엘레아학파의 일원부동설(一元不動說)이 주목된다. 이들의 학설은 변증법의 확립을 가져왔다는 점에서 중요한 것이다. 다시 엠페도클레스(기원전 495?-435?)의 다원론(多元論), 아낙사고라스(기원전 500~428?)의 이원론(二元論) 등이 일어나서 양파의 대립이 통합되어 갔다. 레우키포스(기원전 5세기경)는 원자론(原子論)을 주장하고 정신 현상의 해석에도 이것을 이용하여 유물론(唯物論)의 기초를 세웠다. 그의 제자 데모크리토스(기원전 460-360?)도 스승의 설을 따랐으며 자연과학의 영역에서도 크게 활발하였다.

여기서 또한 소피스트의 상대주의와 회의론이 유행되고 있을 때 소크라테스(기원전 470-399)가 나타났다. 그는 먼저 절대적인 선악의 존재를 믿고 도덕의 본질을 해명하려고 했다. 그리고 이것을 순수한 논리에 의해서 찾으려고 하였고, 이른바 '소크라테스의 문답법(산파법)'이라고 불리는 문답 형식을 사용했다. 소크라테스는 인간이 다른 동물과 구별되는 것은 인간이 영혼을 가지고 있으며 그것에 의해서 선악을 판단할 수 있기 때문이라고 했다. 영혼이 최선의 상태에 있기 위해서는 덕이 필요하다. 덕은 선을 아는 것이다. 그러나 인간은 선악을 모르고 있기 때문에 악행을 하게 된다고 하는 지덕합일(知德合一)을 주장한 것이다. 또한 5세기의 아테네가 중우정치(衆愚政治)에 떨어진 것을 비난하고 테미스토클레스(기원전 528?-462?)에서 페리클레스(기원전 495?-429)에 이르는 민주 정치의 지도자들을 날카롭게 비판했다. 그 결과 반민주주의로 흘러 국가의 위신을 떨어뜨리는 사람으로 규정되어 벌을 받게 되었다.

소크라테스의 주위에는 많은 제자들이 모였다. 그러나 그 대부분은 스승을 제각기 일면적으로밖에는 이해하지 못했다. 따라서 이들은 소(小)소크라테스파라고 불리고 있다. 에우클리데스(기원전 3세기경)의 이름이 널리 알려지고 있던 메가라파와 파이돈(기원전 417?-?)의 엘리스파는 논리를 강조했다. 또한 안티스테네스(기원전 455?-?)의 키니코스파는 극기적인 도덕을, 아리스티포스(기원전 435?-356?)의 키레네파는 소크라테스가 추구한 행복의 문제를 육체적 쾌락의 방향에 치우쳐서 주장했다.

이 시대에 와서는 역사학도 개화하기 시작했다. 특히 '역사학의 아버지'라고 불리는 헤로도토스(기원전 484?-425?)가 나오면서부터 눈부시게 발전했다. 그의 저서 《역사》는 페르시아 전쟁이라고 하는 민족적 대사건을 주제로 한 것이다. 그러나 그는 젊었을 때 여러 곳을 편력하였기 때문에 오리엔트의 역사나 풍속, 그리고 참주(僭主) 시대 이후의 그리스사까지도 포함하여 기술하고 있다. 그 사풍은 세계관을 기술하기보다도 하나의 전승(傳承)이라는 방법을 취하고 있다.

그 후 투키디데스(기원전 460?-400?)가 펠로폰네소스 전쟁의 역사를 쓰기 시작했다. 펠로폰네소스 전쟁은 아테네와 스파르타 사이에 일어난 것으로, 기원전 431년에서 404년경까지 약 30년간 계속되었다. 전쟁은 아테네가 군사력이 강한 스파르타에 굴복함으로써 끝났다. 이에 그리스 여러 도시에는 민주 정치 대신 과두 정치가 군림하여 평민은 전제 정치 밑에서 자유를 빼앗기고 말았다. 투키디데스는 전쟁 중의 여러 상황 속에서 사용한 것을 끄집어 내어 여기에 날카로운 비판을 가하고 상세한 설명을 덧붙인다는 입장에 섰던 것이다.

자연과학자의 활약도 연이어 눈부셨다. 아낙사고라스는 태양의 에너지를 증명했다. 또한 히포크라테스(기원전 460?~375?)는 의학의 새로운 분야를 넓혔다. 다시 말하면 병은 초자연적인 원인에 의해서 일어나는 것이 아니라고 하며 지금까지 사제(司祭)의 손에 맡겨져 있던 의술을 독립시켰던 것이다.

극(劇)의 전성시대

문학의 영역에서는 핀다로스(기원전 522?-442?)의 서정시를 그대로 보아 넘길 수는 없으나 곧 극의 전성시대로 들어갔다.

극은 처음에는 아테네의 디오니소스 신에게 제사 지내는 행사였으나, 기원전 5세기 중엽 아이스킬로스(기원전 525-

456), 소포클레스(기원전 496?-406), 유리피데스(기원전 484?-406)등 3대 비극시인이 연이어 나타나서 그리스 비극이 완성되었다. 이 장르는 그리스에서 처음으로 생긴 것이며, 이것은 연극의 전형을 만들어 냈다. 조금 뒤에 희극(喜劇)이 발생하여 민중의 갈채를 받았다. 특히 아리스토파네스(기원전 448?-380?)는 현실의 정치와 사회 문제에 날카로운 풍자를 가함으로써 불후의 명작을 남겼다.

펠로폰네소스 전쟁 후 폴리스는 점차로 황폐해 갔다. 기원전 4세기 중엽부터 북방의 마케도니아가 그리스로 세력을 뻗치기 시작했고, 그들은 그리스 문화를 존중하고 그것을 넓히려 했다. 그 이전에 소피스트의 계몽 운동에 의해서 많은 그리스인들이 높은 교양을 가지고 있었는데 다시 이민족의 지역에까지 문화를 보급하게 되었다. 마케도니아, 이탈리아, 카르타고, 페르시아 등 여러 지역으로 문화를 보급하였던 것이다. 그러나 문화의 중심은 여전히 아테네였다.

그때까지도 소피스트의 활동은 계속되어 수사학에 큰 영향을 주었다. 고르기아스의 제자인 이소크라테스(기원전 436-338)가 유명하다. 여기에 병행해서 법정이나 집회에서 행하는 연설에서는 웅변술이 번창하여 데모스테네스(기원전 384-322) 등이 활약하였다. 그리고 소소크라테스파에 대립하는 사람으로는 플라톤이 있다. 플라톤(기원전 427-347)은 스승의 사상을 충실히 받아들여서 높은 철학 체계를 세웠다. 그는 아테네의 귀족 출신이었으나 소크라테스 밑에 들어가서 생애를 결정했던 것이다. 처음에는 정치가가 되려고 하였으나 소크라테스가 죽은 후 철학자를 희망하게 되었다. 여러

나라를 편력하고 몇 개의 대화편을 씀과 동시에 아테네 교외에 아카데미아(학원)를 세웠다.

선(善)의 이데아

플라톤 철학은 소크라테스의 덕의 탐구에서 출발했다. 플라톤은 모든 선행(善行)을 실행하면서 개개의 선행을 초월한 이념을 탐구하였는데, 그럴 때에 수학의 지식이 필요하였다. 수학이 대상으로 하는 수나 도형은 보편적인 것이기 때문에 이것을 추구하면 소크라테스 이래 구해 온 보편적인 존재가 실증된다고 보았다.

그는 이것을 이데아라고 불렀다. 이데아는 감각으로 얻어지는 것이 아니고 영원불변의 보편적인 지(知)의 대상이며 현상을 초월하여 독립해서 존재하는 것이다. 현실계는 지의 대상으로는 되지 않는다. 개개의 사물은 이데아를 갖는 것에 의해서 처음으로 존재할 수 있다고 했다.

플라톤은 또한 소크라테스의 신념을 받아들여 이 세계를 최선(最善)의 것으로 생각했다. 다시 말하면 이데아계의 최고의 지위에 '선(善)의 이데아' 가 있다고 하였다. 그러므로 이데아를 인식하는 것은 인간의 영혼 속에서도 이성적인 부분인 것이다. 그것이 더욱 순수하게 활동하기 위해서는 영혼의 바탕이 되는 힘, 즉 에로스가 필요하다. 결국 육체적인 것에서 해방되는 것이 중요한 것이다. 이와 같이 형이상학적인 존재를 주장한 점에서 뒤에 유럽 관념론 철학이 나타난 것이다.

만년에는 이데아의 각 단계로의 분리가 강조되어 우주론

과 정치론을 낳았다. 국가의 문제는 그의 사상 가운데서도 중요한 지위를 차지하지만, 그의 이상국가론은 반민주주의 적이며 비현실적이었다. 그 뒤에는 좀더 현실적인 체제를 기술하게 되었으나 현실의 그리스 사회에 대해서 별로 큰 힘을 갖지는 못했다.

플라톤의 학설은 아카데미아의 회원들에 의해서 계승되었다. 스페우시포스(기원전 400?-339), 크세노크라테스(기원전 396?-314?) 등은 피타고라스학파의 색채가 농후하였다.

그 다음에 아리스토텔레스(기원전 384-322)가 태어났다. 그는 처음에는 아카데미아에서 배웠으나 뒤에 독립된 철학에 도달했다. 플라톤이 시민적이고 직감적인 데 대해서 아리스토텔레스는 냉정한 논리를 중요시하였다. 자연과학과 인문과학의 광범한 분야를 조직했으나 그보다도 특히 형식논리학과 형이상학의 분야에서 위대한 공적을 남기고 있다. 그 특징은 질료(質料)와 형상(形相)을 이원적으로 취하고 있는 점, 거기에 목적론을 도입한 점 등이다. 이것은 기독교의 교의(敎義)에도 부합되는 것으로서 중세의 지배적인 학설이 되었다.

아리스토텔레스의 정치론도 편견적인 면이 강하다. 그러나 플라톤처럼 공상적이 아니고 현실의 제도에서 출발하여 극단적인 단체주의를 배척하고 있다. 플라톤이나 아리스토텔레스는 인간을 '폴리스적 동물'이라고 정의한다. 따라서 개인의 참된 삶은 폴리스의 참된 삶이라고 하며, 개인의 윤리는 폴리스의 윤리로서 정치학 속에 포함되어 있다.

그리고 역사학은 전대의 수준만은 못하지만 크세노폰(기

원전 430?-354)에 의해서 투키디데스의 역사학이 계승되었고, 그 밖에도 두세 개의 업적이 남아 있다.

순문학(純文學)도 그리 번성하지는 못했다. 그러나 산문은 발전하였고 철학, 웅변술, 수사학에서도 몇 편의 걸작이 나타났다. 이소크라테스, 데모스테네스, 플라톤, 아리스토텔레스 등 누구나 다 뛰어난 문장을 쓰고 있다.

세계공민주의

기원전 4세기 후반에는 마케도니아 왕 알렉산더(기원전 356-323)가 원정에 올라 대제국을 건설했다. 그리스의 여러 도시는 모두 그 지배 하에 들어가게 되었다. 그 결과 폴리스의 실체는 무너지고 시민 사회의 특색도 없어졌다. 그리고 세계시민이라고 하는 사조에 휩쓸리게 되었다.

그리스 문화는 지중해 연안과 오리엔트의 여러 곳에 퍼져 그들의 문화와 접촉해서 헬레니즘 문화로 되었다. 시대의 급격한 변화에 의해서 사람들은 종래의 신앙에 만족치 못하고 여러 미신을 좇게 되었고, 지식인 사이에서는 스토아학파나 에피쿠로스(기원전 342?-271?)의 윤리적 철학이 종교처럼 믿어졌다. 시대의 풍조를 반영하여 철학은 개인 윤리나 실천에 중점을 두게 되고 철학과 과학이 분리되는 등 학문이 여러 갈래로 분리되었다.

스토아학파는 제논(기원전 335-263)에서부터 시작된 것이지만 키니코스파의 발전이라고 한다. 스토아학파의 중심 학설은 자연법적 사상이다. 자연에 합치된 도덕을 철학자의 이상으로 했다. 자연에 따르는 생활은 이성에 따르는 생활이며 우주의 생활이다. 모든 인간은 다 같이 동일한 우주성을 가지므로 근본적으로는 유일한 정의, 유일한 국가밖에 없고 만인은 모두 평등한 권리를 가진다. 여기서부터 세계공민주의, 박애주의가 일어났다.

에피쿠로스파는 키레네파의 사상을 이어받았고, 유물론을 따랐다. 우리의 영혼은 사후에는 존재하지 않기 때문에 죽음을 두려워할 필요가 없다. 인간은 살아 있는 동안 될 수 있는 한 쾌락을 누려야 한다. 그 쾌락은 소극적·정신적인 것이 더욱 가치가 있다고 생각했다.

세계공민주의(코즈모폴리터니즘)는 이 시대에 와서 점점 현실적인 의미를 가지게 되었다. 이미 일정한 시민에게는 의미가 없고 세계공민이어야 한다는 관념이 널리 퍼졌다. 이것은 한편 개인주의로 통하는 것이지만 근대 사회의 개인주의와는 달리 고고성(孤高性)을 높이는 경향이 강하다.

철학 이외의 학문의 중심지는 이집트의 알렉산드리아로 옮겨졌다. 국제 무역의 번영이라고 하는 토대에 서 있었으므로 퍽 실제적이었다. 유클리데스의 기하학이나, 아르키메데스(기원전 287?-212)의 수학이 탄생했다. 에라토스테네스(기원전 275?-194?), 아리스타르쿠스(기원전 310?-230?), 히파르코스(기원전 190?-125?) 등 뛰어난 천문학자도 속출했다.

문학이나 역사학은 자연과학의 발전만큼 활발치는 못했다. 폴리비오스(기원전 203?-120)의 《역사》나 베로소스(기원전 290경)의 《이집트사》, 그리고 《바빌로니아사》 등이 약간 남아 있다. 문학적으로는 새로운 형식이 나타나지 않았다. 테오크리토스(기원전 310?-245)의 전원시나 메난드로스(기

원전 342?-292)의 신희극(新喜劇) 등이 약간 눈부실 정도로
남아 있다.

인간과 사상

다음 열흘 동안 로토스를
먹는 풍습이 있는 민족의 땅에 내 배는 다다랐다.
거기서 해변에 올라가 음료수를 길어다
배 앞에서 일동은 서둘러 식사를 마쳤다.
식사는 끝나고 모두 배가 불렀을 때
나는 부하를 시켜 살피게 했다. 이 고장에
어떤 민족이 살고 있는가를.
두 명의 부하를 뽑아 한 명의 전령(傳令)을 붙여
보내자 세 명은 곧 로토스를 먹는 민족 있는 데로 갔다.
로토스를 먹는 민족은 내 부하를 죽이려고는
아예 하지도 않고 그저 부하에게 로토스를 따서 먹였다.
그 맛이 달고 꿀 같은 로토스를 따먹은 자는
보고만을 보내고 돌아오기를 거절하며
야릇한 먹이를 먹는 민족 사이에 남아서
로토스를 먹고 살며 고국에 돌아가는 것도 잊어버렸다.
나는 그들을 꾸짖고, 울고불고하는 것을 끌고 돌아와
아무도 없는 배의 갑판 기둥에 붙들어 매고
사랑하는 다른 부하들에게 물결을 헤치고
재빨리 달리는 배 위로

급히 돌아오라고 명령했다. 그것은 로토스를 먹고

그 때문에

조국에 돌아가기를 잊지나 않을까 하는

염려 때문이었다.

곧 모두들 배에 올라 정연히 줄지어

제자리에 앉아 노를 저으며 파도를 헤쳐 갔다.

호메로스[1]의 《오디세이》

　로토스는 연꽃의 일종으로 북아프리카에서 나는 것이라고 한다. 그것을 먹으면 무한의 경지에 들어가며 집에 돌아가는 것을 잊어버린다는 것이다. 《오디세이》에는 오디세우스가 에게해와 지중해 여러 곳을 돌아다녔을 때의 견문이 실려 있다. 이것은 당시 그리스인들의 항해나 탐험의 수확을 반영하고 있는 것이다. 이 이야기는 많은 고장과 거기서 살던 사람들의 여러 가지 풍속, 습관을 배경으로 한 것이다.

　전설에 의하면 호메로스는 눈이 먼 노인으로서 비파를 뜯으면서 거리에서 거리로 편력하면서 구걸을 했다고 한다. 현재 전해지고 있는 것은 《일리아드》와 《오디세이》뿐이다. 기원전 6세기경에 현재의 형식으로 되었다고 생각되고 있다.

　이것은 그리스 최대의 서사시일 뿐만 아니라 세계 문학 가

---

1) 호메로스(Homeros), 그리스 최대의 서사시인. 유명한 《일리아드》와 《오디세이》의 작자라고만 알려져 있을 뿐, 생애에 관한 자세한 증거는 없다. 한때는 역사적 실재성마저도 의심되었다. 현대의 호메로스 학자 사이에서는 그의 존재가 거의 확실시되고 있다. 그가 산 곳은 이오니아와 아이올리스의 경계 부근, 연대는 기원전 800년 이전일 것이다. 원형은 많은 인물에 의존했다고 하지만 호메로스가 이것을 완성시킨 것은 틀림이 없다.

루벤스의 작품: 〈헥토르를 죽이는 아킬레우스〉

운데서도 뛰어난 서사문학이다

《일리아드》의 내용은 다음과 같다. 그리스의 용사 아킬레우스는 총대장 아가멤논의 무례에 분노를 느껴 전쟁에 참가하는 것을 거절한다. 아킬레우스가 트로이에 원정하여 트로이군을 성안으로 몰아넣은 지 10년이 되고 있었으나 전국(戰局)은 진전이 없었다. 그러던 차에 아킬레우스가 없다는 것을 알게 된 트로이군은 총대장 헥토르의 인솔로 공격을 해 왔다. 따라서 그리스군의 정세가 차차로 악화된다. 아킬레우스에게 응원을 청했으나 거절하고 만다. 그리스군은 패배의 기색이 짙어져 간다. 아킬레우스의 친구인 파트로클레스가 참다 못해 아킬레우스에게 도와 줄 것을 요청하나 막무가내다. 파트로클레스는 아킬레우스의 갑옷을 빌려 입고 출전하게 된다. 트로이군은 아킬레우스가 공격해 오는 줄 알고 동요하여 도망간다. 파트로클레스는 승리감에 취해 적진 깊숙이 쳐들어 갔기 때문에 적장 헥토르에게 전사를 당하게 된다. 아킬레우스는 친구의 죽음을 슬퍼하고 싸움에 나아가 적을 격퇴시킨다. 헥토르도 전사하게 된다. 트로이의 노왕(老王) 프리아모스는 헥토르의 시체의 양도를 청해 온다. 아킬레우스는 그 청원을 받아들여 11일간의 휴전을 허용한다. 트로이군은 헥토르의 죽음을 트로이 전군의 죽음처럼 슬퍼한다.

《오디세이》는 《일리아드》의 속편이라고 하지만 그 체제는 아주 딴판이다. 전쟁 장면은 거의 없다. 이 이야기의 주인공 오디세우스는 이타카 섬의 왕으로 지모가 풍부한 무장이었다. 트로이 원정의 그리스군에 참가하여 커다란 목마(木馬) 속에 숨어서 성으로 뛰어들어 트로이를 함락시키는 공적을 세웠다. 열 두 척의 배를 끌고 귀로에 올랐으나 바다의 신 포세이돈의 노여움을 받아 10년 동안이나 바다를 유랑하지 않으면 안 되었다. 10년이 되는 해 귀국하기 전 41일째 되는 날에서부터 이야기는 시작된다. 고향에서는 아내 페넬로페가 많은 구혼자들에게 괴로움을 받고 있고, 아들 텔레마코스는 벌써 성년이 되어 아버지의 행방을 찾으려고 길을 떠나려 한다. 한편 오디세우스는 님프 칼립소의 손에서 겨우 도망해서 귀국의 결의를 굳게 하고 있다. 칼립소의 손에서 탈출하여 출항한 지 18일째 되는 날 바다의 신 포세이돈에게 발견되어 난파된다. 파이아키스인의 섬에 닿아 국왕의 영접을 받게 되어 고향 이타카로 돌아오게 된다. 돌아올 때 송별연 석상에서 자신이 지금까지 체험한 이야기를 한다. 거인에게 잡혀 먹힐 뻔했던 일, 님프 키르케 때문에 부하가 돼지로 변해 버린 일, 명부왕(冥府王) 하데스와 만났던 일, 아름다운 노랫소리로 인간을 꾀어 죽여 버리는 세이렌의 일, 그리고 앞의 인용도 그 하나인 것이다. 드디어 오디세우스는 파이아키스인의 배에서 자고 있는 사이에 고향으로 돌아오게 된다. 오디세우스는 늙은 거지 행세를 하고 텔레마코스와 만나고 페넬로페에게 결혼을 강요해 오는 사내들을 해치울 계획을 세운다. 페넬로페는 강한 활을 당기는 사내와 결혼한다는 조건을 내세우나 누구도 그 활을 당기지 못한다. 거기에 오디세우스가 나타나서 무난히 활을 당긴다. 그것을 기회로 무법한 사내들을 전부 죽여 버린다. 페넬로페는 처음으로 그 사내가 제 남편임을 인정하고 오디세우스는 다시 왕위에 오른다.

《일리아드》는 트로이 전쟁, 《오디세이》는 오디세우스의 귀국이라고 하는 긴 세월 가운데서 수십 일을 골라서 거기에 사건을 압축시켜 넣어 그리고 있다. 그리스인들의 생활이나 사물에 대한 사고방식이 그려져 있을 뿐만 아니라 인간 일반의 모습에 높은 문학적인 표현이 주어지고 있다. 인간의 기쁨도, 슬픔도, 분노도 그 자체로서 크게 긍정하는 태도가 그리스 정신 또는 헬레니즘인 것이다. 이것은 인간을 신(神)의 이상으로 무섭게 채찍질하는 유태교, 기독교, 또는 헤브라이즘과 좋은 대조를 이루고 있다.

사람에게는 오직 비통이 있을 뿐이다. 더욱이 재난을 구할 길조차 없다.
노동은 사람에게도 그리고 신에게도 사랑을 받는다. 노동은 결코 수치스러운 것이 아니다.

헤시오도스[2]의 《노동과 나날》

첫 구절은 그리스인의 비관주의를 기술한 것이고, 다음 구절은 당시 노동은 노예의 손에 의존하였고 따라서 노동에 대한 생각이 오늘과는 아주 달랐기 때문에 그와 같은 편견에

2) 헤시오도스(Hesiodos), 기원전 8세기경의 그리스 서사시인. 생존연대가 명확하지 않으며 반은 전설적인 존재. 호메로스보다는 약간 뒤의 사람 같으며 또한 그의 시도 대조적이다. 보이오티아의 헬리콘 산 밑에서 태어나 농업, 목축에 종사하면서 시를 썼다고 한다. 또한 자기 자신을 뮤즈의 예언자라고 믿고 있었다고 전해지고 있다. 가난한 민중의 생활을 기조로 한 교훈적인 서사시를 썼다. 대표작으로는 《노동과 나날》, 《신통기(神統記)》가 있다.

저항해서 노동이 인생에 있어서 중요한 것임을 강조한 것이다. 이 말은 오늘날 더욱 그 가치가 높아지고 있다.

처음 구절은 신의 시대에서 인간의 시대로 되고, 슬픔과 노고와 투쟁이 지배하고, 정의 대신에 폭력과 악한 사람이 날뛰고 선한 사람이 망하는 그와 같은 시대에 대한 통탄의 소리다. 이 세계는 처음에는 '황금종족(黃金種族)'이 신에게 사랑을 받으면서 즐겁게 살고 있었다. 다음에 '백은종족(白銀種族)'이 나타났으나 신을 받드는 것을 몰랐기 때문에 제우스 신에게 추방되고 말았다. 다음에 '동종족(銅種族)'이 등장했으나 서로 싸우므로 마침내 명부(冥府)로 내쫓기고 말았다. 다음에 '반신(半神)의 종족'이 나타났다. 이 종족은 전쟁에 의해서 망하고 말았으나 남은 종족은 인간이 사는 곳에서 멀리 떨어져서 무우도(無憂島)에 살게끔 되었다. 그 뒤에 '철시대(鐵時代)'가 시작되어 인간이 나타난 것이다. 그 인간에 대해서 헤시오도스는 절망하고 있는 것이다.

처음 구절 뒤에 다음과 같은 이야기가 씌어져 있다. 매〔鷹〕에게 잡힌 꾀꼬리〔鶯〕가 호소하니 매는 이렇게 말한다. "저보다 강한 자에게 저항한다는 것은 어리석은 일이다. 왜냐하면 약한 자는 이길 수 없고 고통 외에 또 치욕까지 받지 않으면 안 되기 때문이다." 이것은 이솝의 노예 도덕에 지나지 않는다. 그러나 한편으로는 노동의 귀중함을 기술하고 있기 때문에 비관주의로만 볼 수는 없다.

나는 언제나
우아함을 좋아하도다.

아름다움과 빛나는 것,

그것은 이 세상에 태어난

내 인생을

사랑하는 마음이어라.

사포[3]의 시

이 시는 그리스 문화의 황금기를 반영하고 있는 것이다. 감정의 섬세한 점은 아마도 이러한 서정시 중에서 다른 데서는 그 유례를 찾아볼 수 없을 것이다. 단편으로서 전해지고 있는 것으로는 다음과 같은 아름다운 시가 있다.

봄을 알리는

꾀꼬리의 간지러운 목소리,

이렇듯 나를 두고

미운 사람을 사랑한다고

......

사포의 시

개가 고기를 물고 개천을 건너가고 있었다. 그때 물속의 제 그림

---

3) 사포(Sappho), 그리스의 여류 서정시인. 기원전 612년경 레스보스 섬에서 태어났으나 전기는 분명치 않다. 같은 섬 출신의 서정시인 알카이오스와 친교가 있었다. 정변 때문에 한때 시칠리아에 가서 소녀들에게 시와 음악과 무용 등을 가르쳤다. 그녀의 시는 알렉산드리아 시대에는 9권으로 정리되어 있었다고 하나 현존하는 것은 두 편밖에 없다. 그녀의 시에서 그녀가 순수하고 정감이 섬세하며 탁월한 시재(詩才)를 가진 시인이었다는 것을 알 수 있다.

자를 보고 저보다도 더 큰 고기를 문 다른 개인 줄 알았다. 그래서 그 개의 것을 뺏기 위해서 제 것을 떨어뜨리면서 뛰어들었다. 결국 그는 양쪽 모두를 잃게 되고 말았다. 한쪽은 애당초 없었던 것이고 제 것은 물에 떠내려 가고 말았으니 그의 손에 들어온 것은 아무것도 없었다. 이 이야기는 욕심쟁이에게 알맞은 것이다.

《이솝[4] 우화집》, 〈고기를 물고 있는 개〉

이것은 이솝 우화 가운데서도 유명한 것으로 이것을 모르는 사람은 거의 없을 것이다. 인간은 자신의 현재의 위치에 만족하는 편이 행복한 것이다. 지위의 향상 · 발전을 얻으려고 하면 현재 가지고 있는 것까지도 잃어버리고 만다. 이것은 확실히 노예의 도덕이다. 노예는 영원히 노예이지 않으면 안 된다. 자유를 찾아 반항을 한다든가 하면 현재 받고 있는 대우마저 잃게 된다.

현대는 물론 노예 사회는 아니다. 그러나 많은 모순을 내포하고 있으므로 그와 같은 노예 도덕이 실감을 주는 것도 결코 적잖다. 물론 '이솝 우화' 전부가 윤리 교과서로서 읽혀지고 있다는 것은 아니다. 단순히 이야기책으로 읽혀지는 때도 많이 있다. 〈고기를 물고 있는 개〉도 아이들에게는 그저 이야기로서 재미있을 뿐이다. 거기에서 무엇인가 교훈을

---

4) 아이소포스(Aisopos), 영어로는 이솝(Aesop), 그리스의 우화작가. 기원전 550년경의 사람. 전기는 분명치 않다. 헤로도토스가 전하는 바에 의하면 추악한 노예였으나 기지가 풍부하였으므로 해방되어 리디아 왕 크로이소스에게 사랑을 받았다고 한다. 그의 작품이라고 전해지는 얘기는 7백 개 이상에 달한다. 데메트리오스(기원전 300년경 알렉산드리아 사람)나 바브리오스(2세기)가 집성한 것이 많다.

얻으려 하는 것은 어른들의 사심(邪心)인지도 모른다.

만물(萬物)은 유전(流轉)한다.

태양은 날로 새롭다.

전쟁은 만물의 어버이며 만물의 왕인 것이다. 전쟁은 어떤 사람은 신이 되게 하고 어떤 사람은 인간이 되게 하며, 또한 어떤 사람은 노예가 되게 하고 어떤 사람은 자유인이 되게 한다.

헤라클레이토스[5]의 단편

1508년 베네치아에서 간행된 《이솝우화집》

"만물은 유전한다"는 말은 세계의 본질은 변화 그 자체 속에 있다고 하는 사고방식의 표현이다. 따라서 헤라클레이토스는 변증법의 선조라

---

5) 헤라클레이토스(Herakleitos, 기원전 540?-?), 그리스의 철학자. 에페소스의 사람. 그는 독학으로 비상한 박식을 얻었다. 시대 문화를 엄격히 비판하고 헤시오도스나 피타고라스와 같은 철학자를 매도했다. 또한 민중과도 동떨어져서 고독한 생애를 보냈다. 헤라클레이토스의 설은 난해하였으므로 암흑의 사람이라고 불렸다. 또한 뒤에 데모크리토스가 '웃는 철학자' 라고 불린 데 대해서 '우는 철학자' 라고 불렸다.

고도 불린다. 이 독창적인 철학자는 또한 이렇게도 말하고 있다. "올라가는 길과 내려가는 길은 하나로서 같은 것이다", "원주(圓周)에 있어서 처음과 끝은 일치한다." 역시 하나의 사물 속에 대립하는 모순이 내포되어 있다는 것을 지적한 것이다. 사물의 내부에는 모순이 있기 때문에 운동이 생기는 것이라고 보았던 그는 세계의 원소(元素)를 불이라고 하고 불에서 모든 것이 발생했다고 믿었다. 소크라테스 이전의 그리스 철학자들은 이 원소에 대해서 여러 가지로 생각했다. 탈레스는 물이라고 생각했고, 아낙시메네스는 공기라고 생각했으며, 엠페도클레스는 흙·물·공기·불이라고 말했다. 헤라클레이토스가 불이라고 생각한 것은 변화를 중시한 때문일 것이다.

전쟁을 만물의 어버이라고 생각한 것도 전쟁을 좋아해서가 아니고 세계의 변화를 중요하게 생각했기 때문이며, 하나의 운동의 형태로서 전쟁을 생각한 것이다.

오오, 성스러운 대기(大氣)여, 빠른 날개를 타고 오는 미풍이여,

강물의 원천이여, 넓은 바다의 수없는 웃음이여,

어머니인 대지여, 구석구석까지 살피는 태양이여,

나는 호소하노니,

신인 내가 신들에게서 이렇듯 고통을 받고 있는 이 모습을 보라.

굽어 살피라, 내가 굴욕과 고통 속에서

긴 세월 동안 이렇듯 괴로워하고 있음을.

아이스킬로스[6]의 〈결박당한 프로메테우스〉

　　그리스 신화의 영웅인 프로메테우스는 흙으로 사람을 만들었다. 또한 제우스를 속이고 불을 훔쳐 인간에게 주었다. 제우스는 노하여 코카서스 산맥의 큰 바위에 묶어 놓고 독수리로 하여금 간을 파먹게 했다. 이 프로메테우스를 구해 낸 것은 제우스의 아들(어머니는 인간이다)인 헤라클레스였다. 아이스킬로스는 프로메테우스의 극을 썼는데, 그것은 당시 그리스인들의 마음에 호소하는 내용이었다. 그리스인들의 뛰어난 문화의 원천은 프로메테우스에게 있다고 해도 좋을 것이다. 인간이 불이라고 하는 최대의 발명을 한 것은 인간 자신의 지혜에 의한 것이 아니고 프로메테우스와 같은 영웅

---

6) 아이스킬로스(Aischylos, 기원전 525-456), 고대 그리스의 3대 비극시인 가운데서 제일 먼저 나온 사람이다. 엘레우시스의 신관직(神官職)인 집안에서 태어나서 페르시아 전쟁 때에는 2대회전(二大會戰)에 참가했다. 기원전 499-498년 최초의 극을 상연한 뒤에 극시인으로서의 위치를 차지했다. 작품은 90편 이상 있었으나 〈결박당한 프로메테우스〉, 〈페르시아 사람〉 외에 7편이 남아 있다. 시인으로서만이 아니고 배우로서도 유명하였다. 배우가 한 사람씩밖에는 등장하지 않던 형식을 두 사람으로 하였으며, 비극의 진보에 공헌한 바가 컸다.

의 희생적인 봉사에 의한 것이라고 생각했던 것이다. 불은 그 당시에는 신들의 것이었고 인간의 것이 아니었으며, 인간이 불을 사용하게 되면서부터 처음으로 문화가 생긴 것이다. 그러나 그 이면에는 프로메테우스의 고통이 있었던 것이다.

그런 법은 제우스 신이 제게 내리신 것도 아니고, 또한 명부(冥府)의 신들이, 같이 자리하고 있는 무서운 정의가 인간에 대해 이와 같은 법을 정한 것도 아니에요. 그리고 인간이 신의 옳은 법을 무시할 수 있을 정도로 우리의 법이 힘있는 것이라고도 생각하지 않아요. 신의 법은 오늘, 내일의 것이 아니며 미래에 영원히 존재하는 것으로, 우리는 대체 그것이 언제 생긴 것인지도 모르는 것입니다.

소포클레스[7]의 〈안티고네〉

〈안티고네〉는 소포클레스의 최대의 걸작으로 알려져 있고 그리스 비극 속에서도 가장 뛰어난 것으로 알려져 있다.

테베의 왕자 폴리네이케스는 부친이 죽은 뒤 형인 에테오클레스와 왕위를 다투었다. 드디어 형과 결투를 하여 둘 다 죽게 된다. 형의 시체는 엄숙히 장사 지내졌으나 동생의 시체는 숙부인 크레온 왕의 명령으로 장사 지내는 것조차 금지

---

7) 소포클레스(Sophokles, 기원전 496?-406), 그리스 3대 비극시인 중 한 사람. 아테네의 교외 코로노스에서 태어났다. 기원전 468년 비극의 경연에 처음으로 참가하여 아이스킬로스를 이겼다. 그 후 수십 년간 시인으로서의 명성을 지녔다. 극시, 송가, 비가, 잠언 등 작품이 130편에 달한다고 전해지고 있으나, 현존하는 것은 〈아이아스〉, 〈안티고네〉, 〈오이디푸스왕〉, 〈엘렉트라〉 등 7편뿐이다. 대화와 성격 묘사를 중요시하고 그리스 비극을 완성하였다. 정치에도 관계해서 요직에 있었다.

되었다. 대낮에 뜨거운 햇빛에 쬐게 하고 맹수는 그 주변을 빙빙 돌고 있었다. 그들의 누이동생인 안티고네는 이 광경을 보고 무척 서러워했다. 그녀는 모래를 덮고 단지의 술을 부어 친절히 장사를 지냈다. 돌아오는 길에 파수꾼에게 붙잡혀 크레온 왕 앞으로 끌려갔다. 앞의 인용은 바로 그때에 대답한 것이다. 깊은 인간애에서 흐르는 항의의 말이며 인간의 의무를 기술한 것이다. 신의 올바른 법에 비한다면 크레온 왕의 명령 같은 것은 아무것도 아니다. 형제에 대한 애정은 영원한 법과 통하는 것이다. 크레온 왕은 안티고네도 공범자로서 체포했다. 애처로운 안티고네는 동굴에 유폐되어 버린다. 그러나 얼마 안가서 크레온 왕은 예언자의 충고를 받아 안티고네를 용서하려고 마음을 고치고 동굴로 간다. 그러나 이미 안티고네는 목을 매고 죽어 있었다. 그 바로 밑에 안티고네를 사랑하고 있던 왕의 아들 하이몬이 얼빠진 사람처럼 서 있었다. 아버지가 가까이 오는 것을 보고 아버지를 죽이려고 했으나 실패하고 자살한다. 비탄에 잠긴 크레온 왕은 아들의 유해와 같이 왕궁으로 돌아왔으나 아내도 죽어 있었다. 아들의 죽음을 듣고 절망한 나머지 남편을 저주하면서 자살한 것이다. 〈안티고네〉와 더불어 〈오이디푸스 왕〉도 비극의 걸작이다. 오이디푸스는 테베의 백성을 괴롭히는 스핑크스의 수수께끼를 풀고 국왕이 된다. 그리고 선왕의 비(妃)인 이오카스테와 결혼한다.

부부는 평화로운 세월을 보내고 있었다. 그러던 중 국내에 역병이 유행하였다. 그리스의 습관에 따라서 신탁을 받으니 아버지를 죽이고 어머니를 아내로 맞은 사람이 있으므로 화

스핑크스가 묻는 수수께끼에 대답하고 있는 오이디푸스(앵그르 작품)

가 그치지 않는다는 것이었다. 그런데 그 인물은 다름 아닌 바로 오이디푸스 자신이었다. 그는 자신의 아버지인 줄 모르고 선왕 라이오스를 죽이고 그의 아내, 즉 자기 어머니와 결혼하였던 것이다. 그는 테베의 왕자였으나 태어나자 곧 산에 내버려졌었던 것이다. 그는 자기 죄의 무서움을 깨닫고 제두 눈을 제 손으로 파내 버리고 만다. 그리고 왕비는 자살한다.

뒤에 프로이트는 정신분석학을 제창함에 있어 여기에서 깊은 암시를 얻었던 것이다. 아들은 어머니를 연인으로서 사랑하며 어머니를 빼앗아 가는 아버지에 대하여 적의를 품는 심리가 있다. 이것을 '오이디푸스(에디푸스) 콤플렉스'라고 이름붙였다. 이 심리는 여자인 경우에는 아버지에 대한 애착으로 되며, 역시 소포클레스의 극인 〈엘렉트라〉의 주인공의 이름을 따서 '엘렉트라 콤플렉스'라고 하는 때도 있다.

인간은 만물의 척도다.

프로타고라스[8]의 단편

인간이 만물의 척도라고 하는 사고방식은 일단 수긍이 된다. 자신을 척도로 해서 다른 사람을 대한다는 것은 누구나 항상 체험하는 일이다. 자기 자신을 객관시한다는 것은 사실상 실행하기 어려운 것이다. 왜 이와 같은 것이 존재하느냐에 대해서도, 또한 왜 이와 같은 것이 존재하지 않느냐에 대해서도 그것을 판단하는 것은 결국 자기 자신인 것이다. 인간을 중심으로 만물을 저울질한다는 생각은 뜻밖에도 뿌리 깊은 것이며 다른 한편으로 진리를 내포하고 있다. 프로타고라스는 소피스트로서 순수한 덕, 그것의 교사이기를 바랐으나, 사실은 변론의 가르침을 주로 하는 덕의 교사에 지나지 않았다. 소피스트가 궤변론자로 번역되어 나쁜 의미로 전해져 오고 있지만, 문자 그대로의 의미를 따진다면 지혜 있게

---

8) 프로타고라스(Protagoras, 기원전 500?-430?), 그리스 철학에 있어서 소피스트의 조상. 그의 사상의 특징은 상대주의다. 트라키아의 압데라에서 태어났다. 페르시아 전쟁 후 처음으로 소피스트라는 이름으로 웅변술을 가르쳤다. 교육가로서 비상한 성공을 거두었고 수학, 정치에도 능하였다. 프로타고라스의 유적은 지중해 각지의 그리스인의 도시 대부분에 펴져 있어 그 명성이 사후에까지 계속 알려졌다고 한다.

활동하는 사람이라는 뜻이었다. 그러던 것이 기원전 4,5세기
경에는 벌써 나쁜 의미로 사용되기 시작했다. 크세노폰(기원
전 430?~354?)이 쓴 것이라고 전해지는 《수렵론》 가운데는
"소피스트라고 하는 자들은 사람을 꾀기 위해서 말하고 자
신의 이익을 위해서 지식을 쓸 뿐으로, 어떤 다른 사람에게
이익을 주는 것이라고는 하나도 없다. 그들 중에는 정말 지
자(知者)는 한 사람도 없다. 소피스트라고 불리는 것은 뜻있
는 사람들에 대해서 분명히 치욕인 것이다"라고 씌어 있다.
이것은 프로타고라스 바로 다음 시대의 문헌이다.

　기원전 6세기 초기만 해도 솔론이나 탈레스와 같은 이른
바 7현인이 나와서 그 지혜 때문에 사람들로부터 존경과 감
사를 받고 있었다. 그러나 그 후 약 백 년 동안, 즉 기원전 6
세기 말엽부터 5세기 초에 걸쳐 헤라클레이토스나 크세노파
네스(기원전 565?~480)는 자신의 사상이나 지식 때문에 고독
을 느끼지 않으면 안 되었다. 그로부터 약 백 년 후에 일반에
게 지식이 보급되었을 때는 소피스트는 하나의 악명의 대명
사가 되었던 것이다.

　프로타고라스는 "기술도 연습이 없으면 아무것도 아니며,
따라서 연습도 기술이 없으면 아무것도 아니다"라든가, "교
양이 정신 속에서 싹트기 위해서는 좀더 깊은 곳에 가지 않
으면 안 된다"라는 말도 남기고 있다. 그는 인간 교육과 정
치 교육을 천직으로 삼고 있었다. 그로부터 교육을 받은 사
람은 보수를 지불해야 했으나 무리하게 요구하지는 않았다.
수업료로서 전해지고 있는 것은 1백 무나(고대 그리스의 화폐
단위)라고 하나, 여기에는 다소 과장이 있을는지도 모른다.

소피스트들 가운데는 크게 돈벌이를 하는 자도 있었으나 프로타고라스는 금전에 대해서 마음을 쓰는 일은 그리 없었던 것 같다.

독재 군주처럼 국가에 해가 되는 적은 없다. 그 독재 밑에는 우선 첫째로 공통의 법이라는 것이 존재하지 않으며 또한 법을 제 손아귀에 넣고 정치를 한다. 그렇다면 이것은 절대로 평등일 수 없다.

유리피데스[9]의 〈탄원하는 여인들〉

〈탄원하는 여인들〉은 다음과 같은 이야기다. 아르고스 왕 아드라스토스가 테베를 공격하여 패배하였을 때 죽은 병사들의 시체가 전장에 그대로 쓰러져 있었다. 아르고스 병사의 모친들은 테베에 요청하여 시체를 장사 지내려고 하였으나 거절당했다. 그래서 아테네의 테세우스 왕에게 이 문제를 탄원하였다. 왕은 이것을 도와 시체를 찾아와 매장했다. 여기서 아테네가 정의를 사랑하고 의에 깊은 것을 찬미한다.

유리피데스는 자유를 사랑하는 민주주의자로서 전제 정치를 싫어했다. 신화 가운데 나타나 있는 도덕관에 대해서도 비평을 가했다. 여기서는 소크라테스와 같으며 회의적인 입

---

9) 유리피데스(Euripides, 기원전 484?-406), 그리스의 3대 비극시인 가운데 최후의 사람이다. 아티카의 플리아에서 태어났다. 사상계가 동요하고 있던 시대에 청년기를 보냈기 때문에 재래의 종교에 대해서 비판적이었다. 그의 극은 연극 부문의 경기에서 다섯 번밖에 우승하지 못했으나, 반대파의 아리스토파네스까지도 감탄시킬 정도로 재능을 가지고 있었다. 마케도니아에서 객사하였다. 작품은 92편이라고 전해지고 있으나 현존하는 것은 18편뿐이다. 그 중에서도 〈이온〉이 제일 유명하다.

장에서 출발했고 소피스트들과 통하는 점을 많이 가지고 있었다. 그러기 때문에 전통적인 입장을 지키려고 했던 아리스토파네스와 같은 사람에 의해서는 무신론자로 생각되고 있었다.

이것은 하리카르나소스의 헤로도토스가 행한 연구이다. 사람들의 업적이 세월의 흐름을 따라 기억에서 사라지려는 것을 막기 위해서, 또한 그리스인과 외국인의 놀랄 만한 위업이 표창되지 않고 묻히는 것을 방지하기 위해서 행해진 것으로, 특히 그 확집(確執)의 원인을 기록에 남기기 위해서 이 서적을 공개하는 것이다.

헤로도토스[10]의 《역사》

헤로도토스는 '역사학의 아버지'라고 불리고 있으나 실제로는 서사시적 서술이 많다. 그는 아테네에서 자신이 쓴 역사의 1부를 낭독한 적이 있다고 전해지고 있다. 넓은 지역을 오랫동안 여행할 수 있었던 것은 음유시인과 같이 자기의 작품을 낭독했기 때문이라고 상상되고 있다. 서사시적 기술을 택했으나 역시 실지 답사를 중요시했기 때문에 정확한 관찰자로서의 입장을 지킬 수 있었다. 사실과 전설을 명확히 구

---

10) 헤로도토스(Herodotos, 기원전 484?-425?), 그리스의 역사가. 하나로 통합된 저작이 현존하는 그리스 최고의 역사가이며 '역사학의 아버지'라고 불리고 있다. 소아시아의 하리카르나소스에서 태어나 뒤에 아테네에 가서 페리클레스, 소포클레스 같은 사람과 친교를 가졌다. 여러 지방을 여행하며 연설을 하고, 또한 여러 곳에서의 견문을 하나하나 정리하여 페르시아 전쟁을 상술한 《역사》를 저술하였다. 그 사관으로서는 거만한 자는 신의 질투로 망한다는 것이 특색이다.

ΗΡΟΔΟΤΟΥ
ΑΛΙΚΑΡΝΑΣΣΗΟΣ
ΙΣΤΟΡΙΩΝ ΛΟΓΟΙ Θ,
Ἐπιγραφόμενοι Μοῦσαι,
Τοῦ αὐτῇ Ἐξήγησις ἐπὶ τῆς Ὁμήρου βιοτῆς.

HERODOTI
HALICARNASSEI
HISTORIARVM LIB. IX,
IX Muſarum nominibus inſcripti.

Eiuſdem Narratio de vita Homeri.

Cum Valla interpret. Latina hiſtoriarum Herodoti,
ab Henr. Stephano recognita.

Item cum iconibus ſtructurarum ab Herodoto deſcriptarum.

Cteſia quædam de reb. Perſ.& Ind.

EDITIO SECVNDA.

Excudebat Henricus Stephanus
ANNO M. D. XCII.

1592년 파리에서 간행된 《역사》

별했다. 그러나 역시 본질에 있어서는 비극시인이었다. 그는 인과응보의 신으로서의 네메시스를 믿고 있었다. 네메시스의 채찍은 인간이 득의에 찼을 때 내려지는 경우가 많다. 정직한 사람은 선한 보답을 얻는다. 그러나 너무나 강대하게 번영하면 네메시스는 이것을 좋아하지 않는다.

아테네 사람인 투키디데스는 펠로폰네소스 사람과 아테네 사람과의 전쟁사를 썼다. 개전 당초에 붓을 들어 그때에 두 나라가 전력을 다해서 여러 방면으로 전비를 갖추고 있는 사정을 생각하고, 또 다른 그리스인이 어떤 쪽에는 가담하고 어떤 쪽에는 가담하지 않는 것을 보고 이 전쟁이 고래의 모든 전쟁 가운데서 가장 대규모적이고 눈부실 것으로 믿고 있었다.

투키디데스[11]의《펠로폰네소스 전쟁사》

근대적 의미로 역사학을 일으킨 것은 투키디데스의 공적이다. 그때까지 분명치 못했던 문학과 역사학의 구별이 여기서 분명해졌다. 역사를 여러 신의 지배로부터 해방시킨 것이다. 그리고 인과율을 찾아서 합리적인 판단을 하려고 했다. 그는 이 세계가 합리적인 것과 불합리적인 것 두 개의 원리로 되어 있다고 생각했다. 불합리적인 것은 신들의 지배와

---

11) 투키디데스(Thoukydides, 기원전 460?-400?), 그리스의 역사가. 아테네 사람. 고르기아스, 아낙사고라스 등을 선생으로 존경했고 수사학, 철학을 배웠다. 펠로폰네소스 전쟁 때는 사재(私財)를 바쳐 가면서 참전했다. 그러나 실패하여 국외로 추방되었다가 20년 후에 귀국하여 암살되었다. 그의 저서 《펠로폰네소스 전쟁사》는 여덟 권의 방대한 것이다. 미완으로 끝났으나 헤로도토스의 《역사》와 함께 고대사의 중요한 문헌인 것이다.

연관되어 있는 것이 아니고, 그것과 맞부딪쳐서 인간이 판단할 수 없는 것에 지나지 않는다. 역사의 법칙을 개인의 심리, 국민의 성질, 자력(資力), 군비 그리고 지리 가운데서 찾아내려고 했다. 특히 역사의 배경으로서의 지리를 중요시했다. 역사에서 도덕이나 교훈을 얻으려고는 하지 않았으며, 또 문장이나 삽화의 흥미로써 독자를 끌려고도 하지 않았다.

청중의 한때의 갈채를 받기보다는 차라리 영원한 소유물로 하기 위해서 이 역사를 쓴 것이다. 이것이 그의 역사가로서의 태도였던 것이다. 이것은 어느 시대의 역사가에게서도 보여지는 태도인 것이다.

인생은 짧고 예술은 길다.

히포크라테스[12]의 단편

'인생은 짧고 예술은 길다' 라는 말은 널리 알려져 있다. 그러나 이것은 오해이며, 히포크라테스가 말한 것은 예술만을 의미하는 것이 아니고 학예[技術]라는 의미였다. 학예를 공부하는 데는 많은 시간이 필요하며 그 끝이 없다. 거기에 비해서 인생은 너무나 짧다는 의미인 것이다. 히포크라테스

---

12) 히포크라테스(Hippokrates, 기원전 460?-375?), 고대 그리스의 명의로 '의성(醫聖)' 이라고 불리고 있다. 그는 코스 섬에서 태어났으며, 72편의 의학에 관한 저술이 히포크라테스의 이름으로 전해지고 있으나 그 대부분은 그의 학파 사람들에 의해서 씌어진 것이다. 히포크라테스 이전의 것도 포함되어 있는 것 같은데, 정말 그의 것으로 불리고 있는 것은 과학적인 관찰을 기초로 한 뛰어난 서적이다. 유명한 〈히포크라테스의 서약(선서)〉에는 의사로서의 성실한 태도가 나타나 있다.

는 의사였기 때문에 그와 같은 말을 남겼던 것이다. 그리고 그리스어나 라틴어까지도 예술과 기술을 분리시키지 않고 사용하고 있다. 예술 즉 기술이라고 하는 사고방식이다. 이 것은 유럽 사람들에게 공통된 사고방식이다.

> 정치에 대해서 어떤 태도를 취하면 좋을 것인가?
> 불을 대하는 것처럼 하라.
> 화상을 입지 않으려면 가까이하지 않는 것이 좋다.
> 그러나 얼지 않으려면 너무 멀리하지 않는 것이 좋다.
>
> 안티스테네스[13]의 단편

 정치는 정치가에게 맡기고 멀리서 감시만 하고 있으면 좋다는 생각이다.

 안티스테네스는 소크라테스의 제자였는데 플라톤과는 경쟁의 위치에 있었던 것 같다. 서로 악평을 하고 있었다. 플라톤은 처음에는 정치를 경계하고 있었으나 곧 정치에 손을 대다가 화상을 입고 말았다. 그것을 보고 있다가 비웃은 것으로 생각된다.

---

13) 안티스테네스(Antisthenes, 기원전 444?-371), 그리스의 철학자. 아테네에서 태어났다. 처음에는 고르기아스의 가르침을 받았으나 뒤에 소크라테스에게 깊이 경도되었다. 플라톤의 이데아설에 반대하고 키니코스파를 열었다. 욕심과 고집이 없는 것을 이상으로 했다. 학파명은 키노사르게스라고 하는 체육장에서 가르친 것에서 유래하였다고 한다. 또한 개와 같은 생활(ho kynikos bios)을 하였기 때문이라고도 한다. 저서로는 《대화편》과 《호메로스 주석》이 있다고 하나 현존하지 않는다.

스테레프시아테스 : 어이, 저건 누구야, 가마에 들어가 있는 저
　　　　　　　　　사람은?

생도 : 선생님입니다.

스테레프시아테스 : 선생님이라니 누구야?

생도 : 소크라테스입니다.

스테레프시아테스 : 뭐, 소크라테스라고? 어이, 제발 큰 소리로
　　　　　　　　　좀 불러 주게.

생도 : 당신이 부르시오. 우리에겐 그럴 틈이 없소.

스테레프시아테스 : 소크라테스, 소크라테스 씨.

소크라테스 : 쓰레기 같은 인간이여, 어째서 나를 부르는가.

스테레프시아테스 : 당신은 대체 무엇 때문에 그런 모양을 하고
　　　　　　　　　있습니까?

소크라테스 : 나는 공중을 걷고 있는 태양에 대해서 사색하고 있는
　　　　　　　거요.

아리스토파네스[14]의 〈구름〉

　아리스토파네스가 살고 있던 시대에는 소피스트나 수사학
자가 세력을 잡고 있었다. 그들이 말하는 신시대의 교육법은
아테네 시민을 속이고 있었다. 아리스토파네스는 이러한 사

---

14) 아리스토파네스(Aristophanes, 기원전 448?-380?), 그리스 최대의 희극시
　　인. 아테네 사람. 펠로폰네소스 전쟁 시대에 성년기를 보냈다. 끝까지 평
　　화론을 지켰으며 보수적 경향을 가지고 급진사상을 공격했다. 기원전
　　427년 〈잔치의 사람들〉을 가지고 경연에 참가. 그 후 44편(또는 54편)의
　　희극을 썼다. 그 중에서 현존하는 것은 〈아카르나이의 사람들〉, 〈기사〉,
　　〈구름〉, 〈벌〉, 〈평화〉, 〈개구리〉 등 11편이고, 그 밖에도 몇 개의 단편이
　　전해지고 있다.

태의 산 증인으로 소크라테스를 비난하고 풍자하려고 했던 것이다.

스테레프시아데스는 풍족하고 행복한 농부였다. 그러나 후년에는 걱정거리가 많아져 갔다. 아들이 하나 있었으나, 그는 기사(騎士)의 흉내를 내면서 경마로 돈을 낭비하였다. 아들은 꿈을 꾸면서도 노는 것을 지껄이곤 하였다. 또한 이 농부는 도시에서 자라난 품행이 단정치 못한 여자를 아내로 맞이했다. 그는 아들을 '사색의 집'에 보내서 흰 것을 검은 것이라고 하는 부정의 이치를 외게 하고 빚을 갚지 않는 공부를 시키려고 했다. 아들이 그것을 거절하자, 그 자신이 '사색의 집'으로 간다. 그때의 광경이 앞에서 인용한 대화이다.

소크라테스는 농부의 청을 쾌히 승낙하고 훌륭한 궤변학자로 만들 것을 약속한다. 얼마 가지 않아서 '정설(正說)'과 '사설(邪說)' 두 사람이 나타나서 제각기 자기의 방법에 따라서 농부의 아들을 교육시키려고 한다. '정설'은 전통을 중요시하고, '사설'은 신규의 방법을 중요시한다. 아들은 사설을 택한다. 그 덕택에 채권자를 쫓아 버린다. 바다가 많은 강물을 받아들이면서도 넘치지 않는 이유는 무엇이냐 하는 질문에 대답할 수가 없어서 자살하는 채권자도 나왔다. 여기까지는 좋았으나 아들이 아버지를 때리게 되었다. 여기서 스테레프시아데스도 마침내 참을 수가 없게 되어 사색의 집을 불태워 버렸다.

지난날 나는 소크라테스가 가정(家政)에 대해서 다음과 같이 말하는 것을 들은 적이 있다.

"말해 보게, 크리토프로스. 가정이란 말하자면 의술, 단공술(鍛工術) 및 건축술과 같은 어떤 기술의 명칭인가?"

"그렇게 생각됩니다"

하고 크리토프로스는 대답했다.

크세노폰[15]의 〈가정론〉

소크라테스가 말한 상대방인 크리토프로스는 크리톤의 아들이다. 크리톤은 소크라테스의 친한 친구로서 부자였고 또 만사에 능하였다. 그는 소크라테스를 옥중에서 구출해 내려고 했다. 왜 크세노폰이 〈가정론〉을 썼느냐에 대해서는 여러 설이 있지만, 자기 스승인 소크라테스를 말하고 그의 세계관과 실제 활동의 상황을 말하려고 했던 것이다. 그 당시 소크라테스에 대해서 많은 오해가 있었으므로 그것을 씻어 버리려고 했던 것이다. 〈소크라테스의 회상(메모라빌리아)〉, 〈소크라테스의 변명〉, 〈향연〉 등도 같은 동기에서 씌어진 것이다. 〈가정론〉에 나타나 있는 것은 이상적인 그리스인들의 실생활이었던 것이다.

---

15) 크세노폰(Xenophon, 기원전 430?-354), 그리스의 군인 · 철학자 · 역사가. 아테네 사람. 소크라테스에게 배웠다. 펠로폰네소스 전쟁에 참가. 뒤이어 페르시아에서 내란이 일어나자 키로스 왕의 원정에 가담하여 이른바 '1만인의 퇴각'을 하였다. 소크라테스의 처형에 항의도 하고 스파르타에 호의를 보였기 때문에 아테네에서 추방되어 스파르타의 보호를 받았다. 만년에 추방이 취소되어 코린트에서 죽었다. 작품에는 〈원정기〉, 〈헬레니카〉, 〈소크라테스의 회상(메모라빌리아)〉, 〈소크라테스의 변명〉, 〈향연편〉 등이 있다.

이렇게 해서 소크라테스는 잔을 입에 대고 정말 쉽게, 마음 편히 마셔 버렸다. 우리(그때 옥중에 모인 제자들) 대부분은 그때까지는 어떻게든지 아무렇지도 않은 표정으로 눈물을 억제할 수가 있었으나 그가 마시는 것을, 또 다 마셔 버린 것을 보았을 때는 이미 눈물을 달랠 수 없었고 참아도 참아도 흘러내리는 눈물을 걷잡을 수가 없었다. 나는 얼굴을 가리고 흐느껴 울었다. 소옹(翁)을 잃다니 정말 얼마나 훌륭한 친구를 잃어버리는 것이냐고 내 운명을 슬퍼했다. 크리톤은 그대로 앉아서 참으려다 못해 그만 먼저 밖으로 나가 버렸다. 나도 그 뒤를 따라 밖으로 나갔다. 벌써부터 울고 앉아 있던 아포로도로스가 그때 그만 목놓아 울기 시작하며 슬퍼하였으므로 소크라테스와 거기 모였던 모든 사람들의 가슴이 에이는 듯했다.

그러나 그는 "무슨 짓들이오? 우스운 사람들이로군" 하고 말하는 것이었다. "내가 여자들을 밖으로 내보낸 것은 이런 일이 있을까 해서였소. 이런 당치도 않은 것은 아예 삼가해 주기 바라오. 나는 사람이란 조용한 가운데 죽어야 한다고 들어 왔소. 자, 조용히 해주오. 마음을 안정케 해주오."

나는 이 말을 듣고 부끄러운 생각에 흐르는 눈물을 억제했다. 소옹은 방안을 이리저리 거닐다가 손발이 무거워진다고 하면서 옥졸의 말대로 반듯이 누웠다. 독배를 준 옥졸이 소옹의 다리와 발을 살펴보고 발을 힘있게 누르면서 감각이 있느냐고 물으니 없다고 대답하는 것이었다. 이와 같이 독이 점점 윗부분에까지 미치고 온몸이 점점 굳어져가는 것이 우리에게 보였다. 그리고 소옹 자신도 그것을 알고 약 기운이 심장에 미치면 그때는 이 세상을 떠나는 것이라고 말했다.

벌써 소옹의 하복부가 식어 갔다. 그는 얼굴까지 덮었던 이불을 젖히며 최후의 유언을 하였다. "크리톤 군, 나는 아스클레피오스 신께 닭 한 마리의 빚이 있으니 그것을 갚아 주게." 크리톤은 "네, 그렇게 하겠습니다" 하고 대답했다. 그는 이어 "그 밖에 따로 하실 말씀은 없으십니까……" 하고 물었다. 그러나 그는 벌써 아무 대답이 없었다. 잠시 후에 몸을 움직이므로 옥졸이 이불을 젖혀 보니 이미 눈동자가 풀려 있었다. 이것을 보고 크리톤은 입과 눈을 감겨 주었다.

소크라테스, 우리의 친구(우리는 감히 이렇게 불러 본다), 그 당시 우리가 아는 사람들 가운데서 지혜에 있어서도, 덕에 있어서도 가장 뛰어났던 이 사람은 죽고 말았다.

플라톤[16]의 〈파이돈〉

소크라테스의 독배 마시는 장면을 기술한 것으로서 유명한 한 구절이다. 소크라테스는 아테네의 법정에서 사형 선고를 받았는데, 그것은 멜레토스라고 하는 사람으로부터 고발을 당했기 때문이었다. 국가가 인정한 신을 인정하지 않고 새로운 신을 도입한 죄를 범하고, 또한 청년들에게 해악을 끼친 죄가 있으니 이것이야말로 죽음에 해당하는 죄라고 고발당한 것이었다. 그러나 소크라테스가 왜 이것 때문에 사형을 받지 않으면 안 되었느냐 하는 사정은 커다란 수수께끼로 남아 있다.

---

16) 플라톤(Platon, 기원전 427-347), 그리스의 철학자. 아테네의 명문가(名門家)에서 태어났다. 높은 교양 교육을 받았으나 20세경부터 8년간 소크라테스에게 배우고 깊은 감화를 받았다. 소크라테스의 사망 후 10년쯤 편력하였으며 40세에 아테네로 돌아왔다. 아카데미아를 창설하고 한때의 정치 활동을 제외하고는 강의와 저작에 전념했다. 저작은 64권에 달한다고 하며 대화체로 전개되어 있다. 후세의 철학사를 결정할 만한 영향을 가져 왔다.

소크라테스와 그의 제자들이 감옥에서 판결문을 보고 있다.

소크라테스의 젊은 시절엔 아테네 국가에 평화와 번영이 있었으나 40세 때부터 펠로폰네소스 전쟁이 약 30년에 걸쳐 계속되고 그 결과는 패배로서 끝났다. 전후의 혼란이라고 하는 상황이 소크라테스의 활동에 불리하게 작용했다. 소크라테스는 청년에 대해서도, 부친에 대해서도, 친구에 대해서도 위험한 존재로 인정되었다. 전후의 독재 정치와 싸우고 있던 정치가 아니토스가 위험한 적으로서 소크라테스를 없애려고 결심했다. 멜레토스는 겨우 이름이 알려져 있는 존재에 지나지 않았다.

소크라테스는 이 부정한 재판에 대해서 법률을 어기고 도망칠 수도 있었다. 그러나 정의를 가지고 선하게 사는 것을 인생의 목표로 하고 있었기 때문에 그것을 단념해 버렸다. 그는 죽음을 선고받을 만한 죄를 범하고 사형되는 것보다는 아무런 죄도 범하지 않고 사형되기를 원했던 것이다. 악처로서 이름 높았던 크산티페가 이렇게 말했다. "당신은 부정(不正)하게 사형되는 거예요." 이에 대해서 소크라테스는 "그러면 그대는 내가 정당히 사형되기를 원하는가?"라고 대답했다는 것이다.

대개 선(善)에는 세 가지의 구별이 있다. 즉 모든 외적인 선과 정신에 관한 선과 육체에 관한 선이 그것이다. 사람들은 정신에 관한 선을 보고 그것이 가장 뛰어난 의미의 선이며, 다른 모든 것에 미치는 선이라고 말한다. 그런데 정신에 관한 선으로서 생각되는 것은 정신의 작용이라든가, 활동 이외에 아무것도 아니다.

또한 친한 사람들을 필요로 하는 것은 행복한 때인가, 역경에 처했을 때인가? 친한 친구는 양쪽 어느 편에서나 다 필요한 것이다. 역경에서는 구조(救助)가 필요하며, 행복한 때에는 생활을 같이할 상대라든가, 돌보아 줄 사람이 필요하기 때문이다.

아리스토텔레스[17]의 《니코마코스 윤리학》

'니코마코스 윤리학'이라는 이름은 아리스토텔레스의 유복자인 니코마코스가 편찬한 것에서 유래한다고 전해지고 있다. 이것은 아리스토텔레스의 많은 저작 가운데서 가장 유

젊은 알렉산더를 가르치는 아리스토텔레스

명한 것이며, 그리스의 윤리 사상을 아는 데 중요한 자료가
된다. 중세를 통해서 유럽 윤리학의 기초가 되었던 것이다.
인간의 목적은 행복에 있다. 그것은 정신상의 행복이며 도덕
의 힘에 의해서 얻어지는 것이다. 도덕의 힘은 선천적인 것
도 아니고 또한 지식도 아니다. 실천에 의해서만 얻어지는
것이다. 도덕은 중용(中庸)을 가장 중요시한다. 그리하여 이

---

17) 아리스토텔레스(Aristoteles, 기원전 384-322), 그리스의 철학자. 마케도
니아의 소도시 스타게이로스에서 태어났다. 플라톤에게 배우고 플라톤
이 죽은 뒤 약 10년간 편력. 기원전 335년 아테네 교외에 학교 리케이온
을 설립하였고 소요학파(페리파토스학파)의 조상이 되었다. 그동안 342
년에는 마케도니아 왕 필리포스의 초청으로 알렉산더를 가르쳤다. 그러
나 이것이 화가 되어 알렉산더가 죽은 뒤 무신(無神)의 죄명으로 고발되
자 칼키스로 도망하여 거기서 죽었다. 주저로는 《자연학》, 《형이상학》,
《니코마코스 윤리학》, 《정치학》, 《수사학》, 《시학》 등이 있다.

중용의 덕이 일관해서 강조되고 있다.

선에 대한 사고방식을 정신과 결부시킨 것도 특색이 있다. 육체보다 정신을 중요시하고 있다. 친구에 대해서도 순경(順境)과 역경 어느 곳에서나 다 필요하다고 하는 중용의 사고방식을 취하고 있다.

아리스토텔레스는 그리스의 학문을 집대성했다. 시학(詩學), 수사학, 논리학, 심리학, 윤리학, 경제학, 정치학, 박물학 등 넓은 영역에 걸쳐서 체계를 세웠다. 후세에는 이 체계에 많은 은혜를 입었다. 자연과학의 영역에서는 르네상스 시대에 와서 처음으로 그 수준을 넘을 수 있었다. 유럽의 학문은 아리스토텔레스를 중심으로 발달했다고 해도 과언이 아니다.

최고의 선은 쾌락이며, 최고의 악은 고통이다.

에피쿠로스[18]의 〈목적에 대해서〉

에피쿠로스는 쾌락주의자라고 불린다. 일체의 생물은 세상에 태어남과 동시에 쾌락을 구하고 쾌락을 최고의 선으로서 사랑하고 있다. 그 반면에 고통을 최고의 악으로 보고 이를 피한다. 그렇기 때문에 왜 쾌락을 구하며 고통을 피하는가에 대해서 따로 이유를 말할 필요도 없고 논의할 여지도

---

18) 에피쿠로스(Epikouros, 기원전 342?-271?), 그리스의 철학자. 사모스 섬에서 태어났다. 아테네에 학교를 세우고 일생을 교장으로서 교육에 종사하며 조용한 생활을 보냈다. 에피쿠로스학파의 창시자로서 윤리학을 주로 하여 물리학 및 논리학을 연구하려고 생각했다. 또 그의 철학의 목적은 인간의 행복한 생활에 있었다고 한다. 논문은 디오게네스 라에르티오스의 《철인전》 제10권에 일부 수록되어 있다.

없다. 불은 따뜻하고 눈은 차며 또 꿀은 단 것처럼 명백한 것이다. 기교를 부리면서 설명할 필요도 없이 그저 그것을 생각해 내면 좋은 것이다. 쾌락을 특히 중히 여기고 긍정한 것은 죽음을 인간의 마지막이라고 생각하였기 때문이다. 영혼은 죽음과 같이 소멸하며, 또 지옥 같은 것은 존재하지도 않는다고 생각했다. 그리스 철학자 대부분은 사후의 세계를 믿고 영혼불멸을 주장했으나, 에피쿠로스는 현세만을 인정했던 것이다.

무엇인가 네가 하고 있는 것은 너 자신의 마음속에서 원하고 있는 것과는 마치 그 반대가 아닌가? 왜냐하면 너는 열심히 훌륭한 책을 사서 모으기만 하면 세상 사람들이 너를 교양 있는 뛰어난 인물로 알 줄 생각하지만 실제는 그렇지 않기 때문이다. 오히려 네가 하고 있는 것은 네 무식을 증명하는 것이다. 그러니 너는 훌륭한 책을 사고 있는 것이 아니고 진실성이 없는 것을 네게 말하는 사람을 신용하고 그런 거짓으로 팔아 버리는 사람들의 복(福)의 신으로서 책장사들이 돈을 벌도록 해주는 것이다.

루키아노스[19]의 〈무식한 서적 수집가에 부친다〉

---

19) 루키아노스(Loukianos, 120?-180?), 그리스의 풍자작가. 시리아에서 태어나서 그리스, 이탈리아, 갈리아 등을 편력한 후 아테네에 정주. 단편 대화편의 제작에 전념했고 철학을 좋아했다. 〈참된 이야기〉, 〈페레그리노스의 죽음〉, 〈신들의 대화〉, 〈해신(海神)의 대화〉, 〈사자(死者)의 대화〉, 〈어부〉, 〈철학제파의 거래〉, 〈거짓말쟁이〉 등이 대표작이다. 무엇이든지 전아(典雅)한 그리스어로 썼으며 종교, 정치, 사회에 대해서 통렬한 조롱과 풍자를 퍼부었다.

루키아노스는 그리스인이 아니고 시리아에서 나서 그리스에 유학하여 그리스어를 공부하고 수사가(修辭家)로서 성공하였다. 무식할지라도 돈만 있으면 책을 사서 모아 세상 사람의 주목을 끌고 황제의 은전(恩典)을 받으려는 사이비 학자가 많이 있었다. 이러한 상태에 격분하여 조롱을 퍼부은 것이다. 그리스 세계의 이단자로 등장하여 풍자작가가 되었다.

당신이 항해중 배가 가까이 있는 항구에 닻을 내리고 당신이 물을 길으려고 배에서 내렸을 때 조개껍질이나 구근(球根)을 주워 모으는 일 따위를 해서는 안 된다. 그때에 당신의 마음은 언제나 배 있는 쪽을 향해 있지 않으면 안 된다. 키[舵]잡이가 부르지는 않는가 하고 늘 주의하고 있지 않으면 안 되고, 또 키잡이가 부르면 불순종한, 또는 도망친 노예가 처리되는 것처럼, 또 양이 묶여서 배 속에 던져지는 것처럼 모든 것을 버리고 돌아가지 않으면 안 된다. 인생에 대해서도 같은 말을 할 수 있다. 당신에게 처자가 주어지면 그것을 기뻐함이 좋다. 그러나 키잡이가 부를 때엔 빨리 배로 돌아가기 위해 만사를 내던지는 것이 좋다. 아무것도 돌아보아서는 안 된다.

만일 당신이 노인이라면 그때는 정말 배에서 멀리 떠나 있어서는 안 된다. 왜냐하면 키잡이가 부를 때에 시간에 늦는 일이 있어서는 안 되기 때문이다.

당신은 걸을 때에 못을 밟아 없애 버리기도 하고 발을 다치지 않으려고 주의를 할 것이다. 그와 마찬가지로 당신의 자아 속의 가장 귀중한 부분이 상하지 않도록 주의하여라. 그리고 우리가 모든 행위에 걸쳐서 이런 것에 마음을 두면 우리는 한층 확실히 활동할 수 있을 것이다.

　사람이 너무 오랫동안 육체적인 일에 구애되고 있는 것은, 말하자면 음식 같은 것에 너무나 오래 얽매여 있는 것은 품성이 천하다는 증거이다. 우리는 이 모든 것을 무익한 것으로 알아야 한다. 그리고 시간이나 근면은 정신을 위해서 쓰지 않으면 안 된다.

에픽테토스[20]의《어록》

　맨 처음의 인용구는 죽음에 대한 각오를 조용히 엮은 것이다. 배의 예를 든 것은 그리스인들은 배를 접하는 일이 많기 때문이다. 만사를 내던지고 모든 것을 돌아보지 않고 죽음을 운명으로서 받아들인다는 것은 사실상 어려운 일이다. 그러기 때문에 그 각오를 강조한 것이다. 죽음에 임했을 때의 고통은 정말 괴로운 것이리라 생각된다. 그러므로 노인들에게 하는 충고는 들을 만한 것이 많다. 에픽테토스는 노예의 신분으로 인생의 괴로움을 뼈저리게 느껴 왔다. 그러한 체험 속에서 얻어진 지혜가 밝은 등불처럼 조용히 빛나고 있다.
　제2, 제3의 인용구는 인생에 대한 도(道)를 말하고 있다.

---

20) 에픽테토스(Epiktetos, 55?-135?), 그리스 스토아학파의 철학자. 프리기아의 노예였으나 해방되어 로마에서 스토아학파의 원칙을 보급했다. 그의 철학의 중심이 되는 윤리학은 이론적인 것이 아니고 실천적인 도덕이었다. 그리고 신의 섭리와 현세의 고통에 대한 무관심과 형제애를 말했다. 제자의 한 사람인 아리아노스가 에픽테토스의 강의를 모아서 기록하였다. 전부 여덟 권이었던 모양이나 현재에는《제요(提要)》,《어록》등 4권밖에 남아 있지 않다.

육체보다 정신을 중요시하고 있는 것이 특색이다.

에픽테토스는 스토아학파의 철학자로서 유명하다. 스토아학파는 기원전 300년경 키프러스 섬의 제논이 창설한 것이다. 학문의 목적은 실천에 있다고 생각했다. 격정에 흔들리지 않는 부동심(아파테이아)을 이상으로 하고 욕망을 단념했다. 그리고 생활의 지혜를 중요시했다. 에픽테토스의 철학도 "견디라, 인내하라"에 있었다.

제3장 로마 시대의 사상

개관

로마에서는 처음에는 왕정이 실시됐던 것 같으나, 기원전 6세기 말부터 귀족 정치로 옮겨졌다. 로마 시민은 귀족과 평민으로 나누어져 있었고, 제각기 씨족으로 구성되어 있었다. 평민 계급은 주로 빈농(貧農)이었으며 참정권이 없었고, 귀족계급이 정권을 쥐고 있었다. 평민과 귀족 사이에 치열한 투쟁이 계속 일어났으며 그 뒤에 공화 정치가 수립되었다. 기원전 1세기에 들어와서는 종래의 귀족계급과 새로 일어난 상공업자와 기사계급 사이에서 싸움이 계속되었다. 그러나 로마인들은 오랜 동안의 내란과 외정(外征)에 지쳐서 평화를 원하고 있었다. 이러한 정세를 파악한 시저(기원전 100-44)와 그의 양자 아우구스투스(기원전 63-후 14)가 제정(帝政)을 일으켰다. 그 뒤에 마르쿠스 아우렐리우스(121-180)에 이르기까지 약 2세기 동안 이른바 '로마의 평화(Pax Romama)'라고 불리는 번영이 있었다. 대규모적인 국제 무역이 행하여지고 중소 농민은 몰락해서 노예가 되었다. 그리고 새로운 영토에서도 많은 노예가 수입되었다. 제정 초기에는 노예 인구가 자유인의 3배에 달했다고 한다.

이상의 상태가 로마 문화 형성에 끼친 영향은 자못 크다. 이미 공화정치의 시대부터 그리스인이나 그리스화된 오리엔트인들이 연이어 로마에 들어와서 헬레니즘적인 문화와 생활양식을 전했다. 그리스의 포로와 노예들은 교양이 풍부했으므로 학교의 교사라든가 가정교사가 되었다. 또한 그리스 철학의 영향으로 전통에 대한 회의와 비판도 하게 되고, 옛 로마의 공동체적 정신에 젖어 있던 사람들의 마음속에서 헬레니즘의 개인주의가 싹트기 시작했다.

그러나 로마인들은 정복자였기 때문에 강한 민족성을 지키고 그리스 문화의 모방에 빠지는 일은 없었다. 언어에 있어서도 라틴어가 확립되었다. 그러나 생활이 윤택해짐에 따라서 그리스 문화의 향락적인 면을 받아들여서 사치에 흘렀다. 대(大)카토(기원전 234-149) 등의 국수파(國粹派)는 이 경향을 우려하여 그리스 철학자를 추방하고 웅변학교를 폐쇄하는 등의 조치를 취했다. 그러나 시대의 조류를 막을 수는 없었고 카토 자신까지도 그리스적 교양의 세례를 암암리에 받게 되었다.

토목 · 건축의 발전

공화정 말기의 기원전 1세기가 되어서는 광범한 지역에서 세계 문화라고도 할 수 있는 공통의 문화가 자라고 있었다. 그리스 정신이 지도적이었으나 서방에서는 로마 독자의 문화도 열리고 있었다. 그것은 실용적인 기술이었는데, 특히 토목이나 건축 면에서의 발전이 눈부셨다. 여기에 반해서 자연과학 같은 이론적 연구는 그다지 중요시되지 않았다. 주목할 만한 인물로서는 《농업론》과 그 밖의 저작을 남긴 바로(기원전 116-27)를 들 수가 있다.

로마의 철학 및 문학은 그리스 문화의 경우와 달리 로마인의 내면적 정신에서 나온 것이 아니고 상류 계급의 교양으로서 생겨난 측면이 강하다. 다시 말하면 로마의 철학은 그리스 철학의 모든 학설을 배양하는 것에 의해서 형성된 것이다. 웅변술과 같이 생활 기술로서 쓸모 있는 것이 존중되었다. 따라서 로마인으로 독자의 학설을 만들어 낸 사람은 거의 찾아볼 수가 없다. 그런 가운데서도 로마인들 사이에서 가장 많은 공감을 얻은 것은 스토아학파의 철학이었으며, 그 반면에 에피쿠로스학파의 철학은 반감을 갖게 하는 점이 많았다. 아카데미아의 철학도 꽤 많은 추종자를 가지고 있었다.

기원전 2세기 말엽이 지나서 그리스의 역사가 폴리비오스(기원전 203?-120)가 인질로 붙잡혀 왔다. 그의 정치사상은 로마인에게 많은 영향을 주었다. 이어서 기원전 1세기 중엽이 지나면서 정치가로서 뛰어난 재능을 가진 키케로(기원전 106-43)가 나타났다. 그는 또한 철학가, 사상가로서도 로마인을 대표하는 인물이다. 그러나 키케로도 독자적인 학파를 이루었던 것은 아니고 역시 여러 헬레니즘 학파의 철학을 절충했던 것이다. 결국 그는 그리스 철학의 제원리를 로마의 정치 개혁에 이용하려고 했던 것이며, 이 목적을 바탕으로 해서 그리스 철학의 수정을 시도했던 것이다.

키케로는 인간은 사회생활을 추구하는 욕망을 가진다고 하며, 그 공동생활을 다섯 단위, 즉 가족·단체, 국가, 공통된 언어에 의한 국가 연합, 인류 사회, 인간과 신들의 공동체 등 다섯으로 나누어서 생각했다. 그리고 실제의 정치 활동에 있어서는 독재 정치에 반대했으나 국가론에 있어서는 제정(帝政)을 낳는 기반을 제공한 부분도 있었다. 다시 말하면 정치의 이상적인 형태는 왕의 절대적인 권력과 귀족 계급의 권위와 어느 정도 자유로운 인민이 결합한 상태라고 생각했다. 그의 상식 철학은 그 후의 유럽 사상 속에 흘러 들어갔다.

키케로와 거의 같은 시대의 사람으로서 철학자이며 시인인 루크레티우스(기원전 96?-55?)가 있다. 그는 에피쿠로스 학파의 조류를 따르는 자로서 이채를 띠고 있었다. 그의 교훈시인 〈물성부(物性賦)〉는 합리성이 강하며, 또한 에피쿠로스파의 물리학, 심리학을 통해서 사람들의 죽음에 대한 공포를 부드럽게 하려고 노력한 것이다.

제정이 성립된 후에도 그리스나 오리엔트에서는 헬레니즘 문화가 그 우위를 차지하였고 라틴 문화는 서방 속주에서의 힘밖에는 없었다.

라틴 문학의 황금 시대

생활이 점점 사치에 흘렀으므로 아우구스투스는 이것을 염려하여 로마 전래의 종교와 풍속으로 다시 돌아갈 것을 원했다. 이러한 정책 밑에서 리비우스(기원전 59-후 17), 베르길리우스(기원전 70-19), 호라티우스(기원전 65-8) 등의 문학가가 나타났다. 황제의 보호를 받은 그들은 '라틴 문학의 황금 시대'를 이루었다.

리비우스는 아이네이아스에서 아우구스투스까지의 역사를 142권의 대저로 그 전부를 편찬했는데, 이것은 로마의 역사와 황제의 위대함을 칭찬한 책이다. 과학성은 없으나 공화정치 시대의 로마사를 아는 데는 도움이 된다. 베르길리우스는 아우구스투스 시대의 제일의 시인이었다. 12권의 《아이네이아스》는 영웅 아이네이아스의 공적을 노래한 것으로 로마의 위대성을 찬미한 점에서 국민적 서사시라고 불렀다. 그러나 문학적으로는 전원시(田園詩)가 더 뛰어난 것이었다. 그보다 조금 뒤에 활약한 오비디우스(기원전 43-후 17)는 세계 도시 로마의 시인다운 시풍을 가지고 있었다. 그의 《변신이야기》에 나타나는 신들은 인간적인 쾌락에 취하는 신들이다.

아우구스투스는 인간적인 크기로 보면 시저에 미치지 못했다. 그러나 세계제국을 착착 건설하고 '영원한 로마'를 이끈 것은 그의 힘이었다. 그리스인 스트라본(기원전 64-21 이후)은 《지리지》 가운데서 그 시대의 모습을 생생하게 그려내고 있다.

제정이 안정되고 있던 시대에 민족, 문화, 종교가 점점 혼합되어 갔다. 그리고 유태교와 기독교도 차차로 그 뿌리를 깊숙이 내렸다. 그 당시의 사상가로서는 후기 스토아학파의 사람들이 눈에 띈다. 키케로에게도 스토아학파의 영향이 컸으나, 그 시대에 와서는 독자적인 기풍이 없어지고 종교에 접근하고 있었다. 세네카(기원전 4?-후 65)는 철학자의 신분으로 정치에도 참여하였으나 인간의 죄를 의식하고 지상의 생활에서 도피하여 신의 구원을 얻으려 했다. 또 에픽테토스 (55?~135?)는 신의 섭리를 중요시하는 윤리 사상을 가지고 있었다. 마르쿠스 아우렐리우스 황제는 스토아학파 철학자 로서도 이름이 높은데, 그의 《명상록》은 신비적인 유심사상 (唯心思想)을 가르치고 있다. 하여튼 노예제는 자연법에 어 긋난다고 하는 제논의 설에 따라서 세계국가의 이념을 받아 들이고 있다. 그러나 초기 스토아학파의 학자들이 현실 국가 에 관심을 가지지 않은 데 반해서, 이들은 적극적으로 긍정 하는 입장을 취한 것이 하나의 공통된 특색이다. 말하자면 세네카는 인간은 세계국가를 위해서 일하는 것이나 소국가 를 위해서 일하는 것이나 다 자유이며, 한 사람이 이 양자를 위해서 봉사하는 것도 가능한 일이라고 생각했다. 또 마르쿠 스 아우렐리우스 황제도 세계국가는 만인에게 공통되는 법 을 가지며 개인의 평등과 언론의 자유를 존중하는 국가라고 말하였다.

제정의 몰락에 따라 뜻있는 사람들은 퇴폐한 로마를 근심 하게 되었다. 역사가 타키투스(55?-117?)도 그 중의 한 사람 이었다. 그의 저서인 《게르마니아》가 어떤 목적에서 씌어졌 느냐에 대해서는 여러 가지 설이 있다. 게르만 사람의 역사 나 연대기(年代記)에서는 제정 시대에 등장한 사람들을 그 리고 있다. 그는 대부분의 황제에 반감을 가졌고 황제의 권 력이 민중을 노예 상태로 몰아넣는 것을 날카롭게 지적하 였다.

2세기에 들어와서 라틴 문학은 전반적으로 쇠퇴하여 갔 다. 그러나 그리스 말기에 플루타르코스(46?-120?)가 나타나서 《플루타르코스 영웅전》을 남겼다. 역사로서는 정확하지 못하나 그리스 및 로마의 영웅과 위인을 생생하게 그려내고 있다.

한편 자연과학 분야에서는 플리니우스(23?-79)가 《박물지》를 저술했다. 고대 말기로부터 중세에 걸쳐 자연과학의 지식을 지도한 책이다. 다시 프톨레마이오스(2세기경)가 고대 문학의 지식을 종합한 업적도 크다. 그의 연구는 《메갈레 신탁시스》에 실려 있는데, 프톨레마이오스의 우주 체계로서 후세에까지 지배적이었다. 그렇다 해도 독창적인 견해는 볼 수 없고 고대 과학의 집대성에 그치고 있어서 이 시대의 특색을 보여준다고 하겠다.

로마법과 기독교

아우렐리우스 황제가 죽은 뒤 로마 제국에서는 전란이 계속되었고 오리엔트의 종교가 번창하였다. 그 뒤에 기독교가 유행하면서부터 기독교와 그리스 철학을 조화시키려는 신학파가 나타났다. 플로티노스(205-269?)는 이러한 사상에서 신플라톤학파를 열었다. 이데아의 창조자를 신으로 생각하는 것이 그의 특징이다. 이렇게 해서, 그리스 시대에는 종교로부터의 독립을 싹트게 하였던 철학이 로마 말기에 와서는 종교 속에 흡수되고 말았다.

그리고 로마 제국의 문화적 유산으로서 간과할 수 없는 것은 로마법과 기독교이다.

먼저 로마법의 창시자로서 유스티니아누스 황제(483-565)의 이름을 잊어서는 안 된다. 그는 서유럽 제국에 침입한 게르만족의 법전에서 배워 법전 편찬 사업을 명했다. 그 결과로 얻어진 것이 《로마법 대전》인 것이다. 로마의 법학자는 법률을 시민법(로마 시민들에게만 적용된다)과 만민법(시민권이 없는 자에게도 적용된다)으로 나누고, 그 후자를 자연법이라고 불렀다. 이것은 그들이 그리스 철학의 영향을 받고 있었다는 것을 보여주는 것이다. 노예 제도는 만민법에 있어서는 인정이 되지만 역시 자연법에는 배치되는 것이라고 생각했다. 그러나 로마 제국은 힘에 의한 정복으로 이루어진 제국이었기 때문에 그 법도 힘의 질서로서의 성격이 강했다.

서력 기원을 전후해서 로마 제국의 한쪽 팔레스타인에서 예수 그리스도가 나타났다. 그리고 그의 제자들에 의해서 그의 가르침이 전해지고 있었다.

기독교는 처음에는 유태교의 일파에 지나지 않았으나 얼마 안 가서 유태교와의 사이에서 대립이 일어났다. 유태의 율법에 어긋나는 기독교도는 국외로 추방되어 이방인 사이에서 가르침을 전파하게 되었다. 넓은 토지가 로마 제국이라는 하나의 정권 밑에 있다는 것이 기독교의 전파에는 퍽 유리하였다. 그러나 초민족(超民族)으로 황제 숭배를 거부하였기 때문에 점점 박해를 당하게 되었다. 3세기 중엽부터는 모든 계급에 신자를 가지기 시작했으므로 국가에서도 차차로 인정하게 되어 테오도시우스 1세(346?–395)의 시대에 와서는 국교로서 인정받게 되었다.

이렇게 기독교가 국교로서 인정됨에 따라서 성직자와 평신도의 구별이 생기고 교회 제도도 확립되어 갔다. 또한 이렇게 해서 이루어진 카톨릭교회의 이론도 세워지게 되었다.

이러한 일에서 공적을 남긴 중요한 인물은 이레나에우스(2
세기), 테르툴리아누스(160?-222), 클레멘스(150?-211?), 오
리게네스(185?-254?), 아우구스티누스(354-430) 등이며, 그
들 사이의 신학 논쟁도 격심해졌다. 그 가운데서도 아우구스
티누스는 교부철학을 대성시킨 사람으로서 유명하다. 그는
신앙에 이르는 신념을 《참회록》에 적었다. 그리고 그는 고대
문화와 기독교를 결합시켜 중세와의 중개 역할을 했다. 또한
아우구스티누스의 철학은 신플라톤학파에 큰 영향을 주었다
는 것도 간과할 수 없다.

인간과 사상

우정의 힘이 얼마나 큰 것인가는 다음의 말을 생각하면 잘 이해
할 수가 있다. 다시 말하면 자연 그 자체는 이미 인류에게 끝없는 친
화 관계를 만들어 주었다. 그러나 그 가운데서 이 우정이라고 하는
관계는 매우 긴밀한 관계를 가지고 있으며 또한 범위도 좁게 제한되
어 있다. 그러므로 정의(情誼)에 의해서 결합되는 관계 전부는 둘이
나, 또는 적은 소수의 사람들 사이에서 이루어지는 것에 지나지 않
는다.

키케로[1]의 《라엘리우스, 우정에 대하여》

키케로가 《라엘리우스, 우정에 대하여》를 쓴 것은 죽음을
당하기 1년 전이었다고 한다. 이 책의 근원이 된 것은 그리
스의 테오프라스토스(기원전 372?-288?)의 《우정론》이라고

한다. 키케로 시대의 로마인은 선이라는 문제를 추상적으로
다루지를 못하고 우정의 문제로서 구체적으로 생각했던 것
이다. 우정을 인간 생활의 근본 문제로 보았던 것이다. 우정
에 대해서는 어떤 사람도 의견이 일치한다고 주장하고 있다.
정말 친구를 상대하고 있으면 마치 한 사람의 자기 자신을
보는 것과 같은 기분이 든다고 말하고 있다. 우정에 대해서
키케로가 한 말은 로마 시대만의 진리가 아니라 영원히 통용
될 진리의 말인 것이다.

여름도 얼마 남지 않았다. 갈리아(갈리아 사람의 땅이라는 의미.
현재의 프랑스, 벨기에, 스위스로부터 네덜란드로 가는 지역. 고대
로마 사람들의 호칭) 전체가 북방으로 퍼져 있으므로 겨울이 빨리
닥쳐왔으나 시저는 더욱 더 브리타니아(브리튼 섬)로 향하려고 서
둘렀다. 그것은 모든 갈리아 사람과의 전쟁에서 브리타니아가 적측
에게 원조를 하고 있다는 것이 확인되었기 때문이다. 시기로 보아서
전쟁하기에는 적합지 않았으나 그저 그 섬에 건너가서 인종을 알고
섬의 위치, 항만, 그리고 상륙 지점을 조사할 수가 있다면 뒤에 얼마
든지 유용하게 쓸 수 있다고 생각한 것이다. 브리타니아는 갈리아

---

1) 키케로(Cicero, 기원전 106-43), 로마의 철학자 · 웅변가 · 정치가. 에피쿠
로스학파와 스토아학파를 절충한 새로운 철학을 세웠다. 그의 사상은 창
조성이 결핍되었으나 문장은 후세 라틴 산문의 모범이 되었고, 그는 또한
정치가로서도 활약했다. 집정관으로 재임 중 카틸리나의 음모를 폭로하
여 국부(國父)의 칭호를 받았으나 원로원파에 속해서 시저와 대립하였으
므로 추방되었다. 뒤에 화해했으나 시저가 죽은 뒤 안토니우스와 반목하
고 죽음을 당했다. 저작은 매우 많으나 《웅변론》, 《라엘리우스, 우정에 대
하여》 등이 유명하다.

사람에게는 거의 알려져 있지 않았다. 상인 이외에는 누구도 감히 브리타니아에 가지 못했으며 상인이라도 해안과 갈리아가 마주 쳐다보는 그런 지역 이외에는 아무것도 몰랐다. 그러므로 시저는 각지로부터 많은 상인을 모아 보았으나 섬의 크기도, 거기에 사는 부족의 종류도, 숫자도 그리고 주민의 풍속도, 어디에 좋은 항만이 있는지도 무엇 하나 정확히 알 수가 없었다.

시저[2]의 《갈리아 전기》

시저(카이사르 또는 케사르라고도 부른다)는 키케로와 더불어 정치가인 동시에 문인을 겸한 사람이었다. 키케로의 문장은 풍부하고 잘 다듬어진 성질의 것이었으나, 시저의 문장은 간결하고 긴장된 문맥을 가지고 있었다. 라틴어로 씌어진 산문의 모범이 되는 것이었다. 정치가이면서 또한 뛰어난 군인이기도 했다. 또한 그러한 지위에 알맞은 현실주의자이기도 했다. 필요한 것으로 완전한 것만을 쓴 문장은 확실히 리얼리즘의 극치라고 하겠다. 그의 문장에 의해서 얻어진 2천년 전 옛날의 풍속, 습관 및 전쟁의 모습은 오늘날 더욱 우리에게 그 무엇인가를 호소하고 있다.

---

2) 시저 (Gaius Julius Caesar, 기원전 100-44), 고대 로마의 장군, 정치가. 기원전 60년경 제1회 삼두정치를 조직했다. 뒤에 폼페이우스와 싸워서 그를 이집트로 내쫓고 클레오파트라와 사귀었고 그 뒤에 아시아에 원정했다. 돌아와서 종신 독재관이 되어 로마를 통일했다. 그러나 공화제의 옹호자인 브루투스, 카시우스에게 암살되었다. 언제나 평민의 편에 섰으나 그의 독재 정치는 제정의 선구라고 불린다. 또 학식이 있었고 웅변가이기도 했다. 《갈리아 전기》, 《내란기》를 남겼다.

시인의 의도는 독자에게 이익을 주고 기쁨을 주며 동시에 인생을 재미있고도 유익하게 해주는 데 있다. 무엇에 대한 것이든 교훈시는 간결하지 않으면 안 된다. 그것은 독자의 마음이 곧 시인의 말을 그대로 받아들이고 또한 충실하게 그것을 보지(保持)해 나갈 수 있어야 하기 때문이다. 가슴에서 넘쳐흘러 떨어지는 것은 모두 무익한 것이다. 만드는 일도 사람에게 즐거움을 주기 위해서는 진실과 가까이 있는 것이 좋다. 그리고 희곡이라든지 그 밖의 무엇이든지 사람이 그것을 믿는 것을 구해서는 안 된다. …… 유용성에 오락성을 섞어서 독자를 즐겁게 하면서 동시에 가르치는 사람이야말로 만인의 투표를 얻는 것이다.

호라티우스[3]의 《시론》

호라티우스는 서정시인으로서 그 이름이 높았다. 그러나 단순한 서정시인이 아니었고, 문학이 가지고 있는 사회적 효용성을 충분히 인식하고 있었다. 이러한 사고방식은 예술지상주의와는 대조적인 것이며, 독자를 정확히 인식한 점도 뛰어난 생각이었다. 그리고 당시의 문학은 교육의 한 수단이기도 했으므로 문학은 곧 교훈이라는 말도 나오게 되었던 것이다. 그러나 그의 시는 이러한 시론으로부터 상상될 수 있는

---

3) 호라티우스(Horatius, 기원전 65-기원후8), 로마의 서정시인. 아버지는 해방된 노예였다. 로마 그리고 아테네에서 교육을 받았으나 브루투스군에 들어가 필리피 전투에 참가했다가 로마에 돌아가 시를 쓰기 시작. 베르길리우스에게 인정을 받아 명성이 높아졌고, 곧 이어서 황제 아우구스투스와 귀족 사이에 그 이름이 알려져 드디어 계관시인(桂冠詩人)의 지위를 얻었다. 베르길리우스와 더불어 유명한 시인으로 우아한 작품을 완성했다. 《가요》, 《풍자시》, 《서간집》 등이 있다.

그런 무미건조한 설교를 노래한 것은 아니다.

　　그저 앞으로 전진하라. 그러면 어떤 것이 커다란 공포를 안겨 주
더라도 다시금 그것이 그렇게 무서운 것은 아니라는 것을 이해하게
될 것이다. 불행이란 것도 종국적으로는 결코 큰 불행이 아니다. 죽
음이 당신을 향해서 다가온다. 죽음이 당신과 같이 머무를 수가 있
다면 혹 무서운 것일지도 모른다. 그렇지만 죽음이라고 하는 것은
'아직 오지 않는다' 라든가, '지나가 버리고 만다' 라든가 그 어느 쪽
이지 않으면 안 된다.

세네카[4]의 《행복에의 길》

　　세네카는 네로의 고문직을 오랫동안 맡고 있었다. 네로가
황제가 된 후 약 5년간 천하는 태평성대였는데, 그것은 바로
세네카가 선정을 했기 때문이었다. 그 후 네로는 세네카를
의심하게 되었다. 네로는 자기를 암살하려는 음모에 세네카
가 가담했다고 생각했다. 그래서 세네카를 독살시키려고 했
다. 세네카는 검소한 식사를 하고 땅에서 나는 과실만을 먹
었으며 요리사의 손으로 만들어진 음식은 먹지 않았다. 그렇
기 때문에 독살은 면했으나 자살 명령이 내려졌다. 세네카는

---

4) 세네카(Seneca, 기원전 4?-기원후 65), 로마의 철학자, 문인. 스페인의 코
르도바에서 태어나서 로마에서 철학, 수사학을 배웠다. 처음에 웅변가로
서 나섰으나 정쟁(政爭)의 여파로 코르시카 섬에 추방되어 7년 후에 로마
로 돌아왔다. 네로의 교육을 맡아 그가 즉위한 후에는 집정관이 되었으나
점차로 의심을 받게 되어 자살하라는 명령을 받았다. 《분노에 대해서》,
《도덕서간》 등에서 인생론, 철학을 가르친 것 외에 그리스 비극을 주제로
하여 희곡을 남겼다.

조금도 당황하지 않고 바로 유서를 쓸 것을 청했으나 그것은 허락되지 않았다. 사랑하는 아내 파우리나도 남편과 같이 죽기를 원했다. 당시의 사형은 팔의 동맥을 끊어서 출혈시킴으로써 죽게 하는 방법이었다. 세네카는 간소한 식사를 하고 동맥을 끊었으나 노령이었기 때문에 쉽게 죽지 않아 친구인 의사에게 독약을 얻었다. 그래도 죽지 않으므로 마지막으로 뜨거운 탕 속에 들어가서 죽고 말았다. 그때 다음과 같은 의미의 말을 친구를 향해서 했다고 한다.

"이런 자리에 와서 당황한다고 해서야 매일매일 철학을 했다는 보람이 어디 있겠는가? 철학자는 모두 운명의 잔학함에 대해서 무엇보다도 단호한 결단을 내리지 않으면 안 된다. 이 세상에 네로 황제의 잔학한 폭정을 모르는 사람이 누가 있을 것인가? 황제는 친어머니를 죽이고 또한 형제를 죽였다. 그러니 신하의 생명쯤 뭣 때문에 아낄 것인가? 고문인 동시에 재상이었던 나도 지금 당연한 운명에 마주 선 셈이다."

세네카의 말이 힘을 가지는 것은 이러한 사정에도 기인하는 것이며, 그의 행복에 대한 생각은 죽음을 깊이 인식한 데서 비롯된 것이다. 죽음에 대해서 세네카처럼 깊고 현실적인 인식을 가진 사람은 없었다. 세네카의 철학은 '억제의 철학'이다. 그러나 그 억제는 인생의 모든 것에 대한 깊은 인식으로부터 나온 것이다. 가난하기는 하나 행복하다고 세네카가 말할 때 그것이 진실한 힘을 가지는 것은 행복에 대한 철저한 인식이 전제되어 있기 때문이다.

술을 마시는 것도 보통 생각할 수 있는 그런 정도가 아니었다. 그가 술을 좋아한다는 평판은 한 잔의 술을 손에 들면 마시는 것보다도 지껄이는 시간이 많았기 때문이다. 언제나 오래도록 얘기하는 그였으나 그것도 시간의 여유가 있을 때의 일이며, 정말 일을 하게 되면 술도, 잠도, 놀이도, 여자도, 유람도 다른 여러 장군과 달리 알렉산더를 붙잡지 못했다. 이것은 그가 상당히 짧은 생애에서도 많은 위업을 남긴 것으로 보아 능히 알 수가 있다. 틈이 있을 때 아침 일찍 일어나면 신에게 산 제물을 바치고, 곧 무릎을 꿇고 아침을 먹는다. 그리고 낮에는 사냥을 하거나, 군무를 처리하거나, 소송을 재판하거나, 또는 독서를 하였다. 그리고 행군의 경우에도 그것이 급한 때가 아니면 길을 걸으면서 활을 쏘기도 하고 달리는 마차에 뛰어오르고 뛰어내리는 연습을 하기도 했다. 또는 종종 여우나 새를 잡으며 논 일도 그의 일기에서 엿볼 수가 있다. 야영을 할 때에는 목욕도 하고 몸에 기름도 바르면서 빵 굽는 사람과 요리인 앞에서 식사 준비를 하고 있는지를 묻기도 했다. 식사는 해가 진 후에 아주 늦게 하며 몸을 옆으로 눕히곤 했다. 그리고 식탁에 놓인 식사의 분배는 불평등이나 부주의한 일이 없도록 놀랄 만큼 신경을 기울여서 검사했다. 술에 대해서는 앞에서도 말한 것처럼 지껄이는 데 많은 시간이 걸렸다. 평상시에는 여러 왕 가운데서도 사람을 대하는 품이 쾌활하고 접대하는 태도도 매우 좋았으나 술을 마실 때에는 자기 자랑과 군대 기질을 나타내어 사람들을 귀찮게 했다. 자신을 바보처럼 자화자찬할 뿐만 아니라 아첨하는 사람들에게 곧 빠지곤 했다. 동석에 모인 취미가 고상한 사람들은 아첨하는 사람과 경쟁하는 일이 없었다. 그러나 칭찬에 지고 싶지 않았으므로 당황하기도 했다. 경쟁하는 일은 부끄러운 행위라고 생각했지만 왕을 칭찬하지 않으면 신변

이 위험해지기 때문에 경쟁을 하지 않을 수도 없었다. 술을 마신 뒤에는 목욕을 하고 때로는 온종일 자는 수도 있었다. 그리고 자신은 좋은 음식의 벽(癖)을 없애고 바다에서 보내 온 좋은 과실과 고기도 친구들에게 일일이 나누어 주었으며 자기에게는 아무것도 남기지 않는 일도 있었다. 그러나 저녁은 언제나 호화로웠고 성공이 계속됨에 따라서 그 비용도 커져 마침내는 일만 드라크메에까지 이르렀다. 더구나 이것이 하나의 규정으로 되어, 알렉산더를 대접하려면 이만큼은 써야 했다.

플루타르코스[5] 의 《영웅전》, 〈알렉산더〉

플루타르코스는 우리나라에서는 영어 식으로 플루타크라고 부른다. 그가 쓴 '전기(傳記)'는 그리스인 한 사람에 로마인 한 사람을 비교해서 논한 것이다. 내가 쓰는 것은 역사가 아니고 전기인 것이다라고 말하고, 또한 대규모적인 전투의 경우보다도 조그마한 행동이나 언어나 놀이 가운데서 인간의 성격이 더욱 확실히 나타나는 것이라고도 말하고 있다. 그리고 대사업이나 투쟁 같은 것은 다른 사람에게 맡기고 인간의 마음속에 깊이 들어가 각자의 생활을 그려내야 한다고도 말하고 있다. 이것은 인간을 관찰하는 데 있어서 타당한 방법이다. 여기에는 유럽의 기반으로서의 그리스와 로마를

---

5) 플루타르코스(Plutarchos, 46?-120?), 로마 제국 시대의 그리스의 문인. 보이오티아의 카이로네니아의 명문에서 태어났다. 아테네에 유학하여 철학, 자연과학, 수사학을 배우고 뒤에 고향에 돌아가 철학학교를 세웠고 아카이아 주 지사직에도 있었다. 박식하여 로마 사람들의 존경을 받았고 궁정에서도 큰 세력을 갖고 있었다. 저작은 약 반수가 남아 있으며, 대표작으로는 《플루타르코스 영웅전》이 있다.

만들어 낸 영웅들의 모습이 생생한 필치로 그려져 있기 때문이다.

　행복이란 언제까지나 자기의 것으로 믿기는 어려운 것, 따라서 짧은 행복을 절약해서 쓴다는 것은 몹시 어려운 일이다.

타키투스[6]의 《역사》

　이 말은 행복에 대한 말 가운데서도 가장 절실한 느낌을 주는 것으로 내란과 폭정을 똑똑하게 보아 온 인간의 감개(感慨)인 것이다. 그리고 로마 시대와는 아주 별개의 세계에 살고 있는 우리의 마음에도 그 무엇인가 슬픔을 주는 것이기도 하다.

　아침에 일어나는 것이 싫을 때는 다음과 같이 생각하는 것이 좋다. 나는 하나의 인간으로서 의무를 다하기 위해서 일어나는 것이다. 내가 존재하고 또한 내가 이 세상에 태어난 그 목적을 향해서 이제 당연히 내가 나가려고 한다면 어찌 내게 불만족한 일이 있겠는가? 그보다도 나는 이렇게 침상에 누워서 나를 따뜻이 하기 위해서 만들어졌는가? 이것은 분명히 유쾌한 것이다. 그러나 그렇다면 너

---

6) 타키투스(Tacitus, 55?-117?), 로마 시대의 최대의 역사가. 북이탈리아에서 태어나서 로마에서 수사학을 배운 것 같으나 확실치는 않다. 뒤에 관직에 올라 로마의 정치가 아그리콜라의 딸과 결혼하였고 법무관 등을 역임했다. 아시아와 게르만에도 머무른 일이 있다. 또한 웅변가로서도 활약했다. 당시의 원수제(元首制)에 반대하고 공화제를 원했으며 제정의 암흑면을 그려냈다. 그의 문장은 제정기 라틴문(文)을 대표한다. 《아그리콜라전》, 《게르마니아》, 《역사》 등이 남아 있다.

는 쾌락의 탐욕 때문에 존재하며 활동이나 노력을 위해서는 조금도 존재하지 않는단 말인가? 작은 식물이나 새나 개미나 거미나 꿀벌 등이 우주 속에서 각자의 부분을 질서 있게 만들기 위해서 힘을 모아 일하고 있는 것을 너는 보지 못하는가? 대체 너는 인간으로서의 의무를 다하는 것이 싫단 말인가? 너는 네 본성에 속해 있는 일을 하기 위해서 서두르지 않겠는가?

그러나 휴양을 하는 것도 필요한 것이다. 확실히 그것은 필요하다고, 이렇게 말하지만 자연은 거기에도 역시 한계를 정하고 있다.

자연은 마시고 먹는 것, 그 어느 것이나 한계를 정하고 있으나, 너는 그 한계를 거침없이 뛰어넘어 가고 있다. 더구나 네 행위는 그렇지 않고 네가 할 수 있는 일까지도 생략해 버리고 만다. 결국 너는 너 자신을 사랑하지 않고 있는 것이다. 만약 사랑하고 있다면 네 본성과 그 의지를 사랑해야 한다. 각자 자기의 기술을 사랑하는 사람들은 목욕도 식사도 하지 않고 각자의 기술을 이용하는 데 전심전력한다. 그런데 너는 두레박을 만드는 사람이 그 기술을 존중하는 것만큼도, 무용가가 무용의 재주를 존중하는 것만큼도, 수전노가 돈을 사랑하는 것만큼도, 또는 허영을 즐기는 사람이 조그마한 사치를 사랑하는 것만큼도 너 자신의 본성을 사랑하지 않는다. 그리고 그와 같은 사람들은 어떤 사물에 열렬한 애호심을 가지고 있는 경우에는 그 사물의 완성을 첫째로 생각하여 식사나 수면을 탐내지 않는다. 네 눈에는 사회에 이해관계를 가지는 행위가 네 노력보다도 한층 비천하며 한층 무가치한 것으로 보이는가?

마르쿠스 아우렐리우스[7]의 《명상록》

그리스의 스토아학파의 철학은 로마에 들어와서 한층 더

마르쿠스 아우렐리우스의 동상

그 진가를 나타냈다고 한다. 로마의 스토아학파 철학자로서 한 사람의 황제와 한 사람의 노예를 들 수 있다. 후자는 에픽테토스이고, 전자는 마르쿠스 아우렐리우스이다. 아우렐리우스 황제는 어린 시절부터 엄격한 규율을 지켰고 지위가 높았음에도 불구하고 간소한 생활을 하고 욕망을 이겨 나갔다. 그는 일상 도덕의 실천자인 동시에 깊은 사색가이기도 했다. 기독교도를 탄압한 것이 후세에 문제가 되었으나 그 본심은 그들을 인정하려고 했던 것 같다. 기독교도가 로마 제국 내에 있는 일체의 신앙을 부정하였음에도 불구하고 그 도전적인 태도에 휩쓸리지 않으려고 노력했던 것 같다. "누군가가 무엇을 하고 무엇을 말하더라도 나는 선량하지 않으면 안 된다."

마르쿠스 아우렐리우스가 말하고 있는 것은 스토아학파의 철학이지만, 그러나 기독교가 말하는 것과 아주 가까운 점이 있다는 것을 간과할 수 없다.

오오, 주여, 저는 당신의 종입니다. 당신의 종인 동시에 당신의 머슴의 종입니다. 당신은 무쇠 같은 쇠사슬을 끊어주셨습니다. 저는 당신에게 찬미의 제물을 드립니다. 제 마음도 혀도 당신을 찬양할

---

7) 마르쿠스 아우렐리우스(Marcus Aurelius, 121-180), 로마 황제. 재위 161-180년. 5현제 중 한 사람. 166년 게르만 민족의 침입을 받아 그것을 막아 냈으나 다뉴브 강 변경의 전란은 재위 중 계속되었다. 그 밖에 반란도 일 어났으나 국내의 통치에 힘껏 노력했다. 그러나 정책상 기독교를 박해하 기도 했고 수년간의 원정으로 국력을 쇠퇴케 했다. 스토아학파의 철학자 로 알려져 있으며 《명상록》 12권을 그리스어로 집필하였다. 다뉴브 강변 의 진중(陣中)에서 죽었다.

수 있도록 해주십시오. 또한 제 뼈도 모두 "주여, 당신에게 비교할 수 있는 사람이 누가 있겠습니까?"라고 부르짖을 수 있도록 해주십시오. 누구나 다 그처럼 말할 수 있도록 해주십시오. 그리고 당신은 저에게 대답하시어 제 영혼에게 "나는 네 구원이다"라고 말씀하여 주십시오. 저는 무엇이었습니까? 어떤 모양이었습니까? 어떠한 악도 나는 행하지 않았던가요? 비록 행하지는 않았다고 할지라도 저는 말하지 않았던가요? 비록 말하지 않았다고는 할지라도 그렇게 하려는 의지가 없었던 것일까요? 하지만 주여, 당신은 선이시며 자비로우십니다. 저는 죽음의 골짜기에 빠져서 제 마음은 파멸의 구덩이를 헤맸으나 당신은 그 자비로운 눈으로 죽음의 골짜기를 굽어보시고 당신의 오른손으로 제 마음 깊숙이 자리잡은 파멸의 구덩이를 멀리해 주셨습니다. 그래서 저는 전에는 원했으나 이젠 원할 수 없게 되었으며 당신이 원하시는 바를 하게 된 것입니다. 그러므로 제 의지의 자유로운 결단은 그처럼 긴 세월 동안 어디에 있었던 것입니까? 그 순간에 저의 자유로운 결단은 얼마나 깊이 감추어진 속에서 불려 나온 것입니까? 그 순간에 저는 제 자유로운 결단에 의해 제 목에 당신의 지기 쉬운 멍에를 걸고 제 어깨에 당신의 가벼운 짐을 짊어지게 된 것입니다. 예수 그리스도여, 당신은 저를 구원해 주신 주이시며 제 죄를 씻어 주신 주이십니다. 어리석은 기쁨이 없어졌으니 이것이 제게는 얼마나 기쁜 일이 된 것입니까? 저는 전에 어리석은 쾌락을 잃을까 두려워했습니다. 그러나 이제는 그것을 버리는 것이 제 기쁨이 되었습니다. 당신이 그와 같은 어리석은 쾌락을 제게서 떼어 버리셨기 때문입니다. 당신은 최고의 기쁨이며 참 기쁨이 되십니다. 그래서 그와 같은 것을 제게로부터 던져 버리시고 당신은 그 대신에 당신 스스로가 제 마음에 임하신 것입니다. 당신은 모든 쾌락보다도 더욱 즐거운 것이면서 살과 피에 대해서는 그렇지 않으시고, 모든 숨겨진 것보다도 더욱 깊고 또한 모든 귀한 것보다도 더욱 귀하시며, 저를 귀하게 생각하는 자에게는 귀한 것이 없다는 것을 가르쳐 주셨습니다. 제 영혼은 명예를 구하고 부귀를 구하고, 육욕에 빠져 그것에 눈이 어두웠습니다. 제 영혼은 그와 같은 괴로움으로 울고 있었으나 이제는 그것에서 완전히 해방되었습니다. 이처럼 저는 제 빛이시며 제 부이시며 제 구원이신 당신께, 제 주와 하느님이신 당신께 반발을 하고 있었던 것입니다.

아우구스티누스[8]의 《참회록》

아우구스티누스에게 있어서 참회한다고 하는 것은 무엇을 의미하고 있었던가? 그것은 자신의 실패를 말하고 동시에 하느님의 영광을 찬미하는 것이었다. 이렇게 이중의 의미를 가지고 있으나 그 후자에 중점이 있다. 이 책은 그의 자서전이 아니다. 적어도 그에게 있어서는 그런 의미의 책은 아니다. 그는 그의 과거와 현재를 말하고 자신과 같이 약한 인간을 격려하였던 것이다. 그는 자신이 먼지와 재에 지나지 않는다는 것을 절실히 자각했다. 그는 도둑질도 하고 사교(邪敎)에도 뛰어들고 그 밖에 하느님 앞에 죄가 되는 것은 거의

---

8) 아우구스티누스(Augustinus, 354-430), 초기 기독교 교부. 누미디아(북아프리카)의 타가스테에서 태어났다. 어머니는 기독교 신자였다. 처음에는 법률이나 수사학을 배웠으나 얼마 안 가서 마니교의 선악이원론, 우주론, 이어서 천문학, 다시 신아카데미아파의 회의론 등으로 방황했다. 그러나 387년 밀라노의 주교 암브로시우스로부터 세례를 받고 고향에 돌아가서 종교 생활로 들어갔다. 391년 히포의 사제, 394년 보좌주교에 임명되어 일생을 성직에 바쳤다. 그 후 성자의 칭호를 받았다. 주저로 《참회록》, 《신국론》 등이 있다.

다 범했었다. 그것을 하느님과 인간 앞에 고백하는 것이다. 그리스도를 믿는 사람은 이 고백에 의해 하느님의 영광을 한층 찬미하게 될 것이다. 그리고 그리스도를 믿지 않는 사람에게 있어서도 이 책은 인간 그 자체의 고백을 말하고 있다는 점에서 마음에 깊은 감명을 줄 것이다. 이 책은 카톨릭교회의 토대가 되었을 뿐만 아니라 뒤에 유럽 철학의 기초가 되었다.

자연 그대로의 세계는 정말 행복한 것이었다.
들은 완전히 무르익었고
번잡한 사치에도 빠지지 않았으며
전나무의 열매가 손쉽게 얻어져
밤의 굶주림을 채워 주었다.
바쿠스의 제물(祭物)에
질펀한 꿀을 섞지도 않고
동양에서 가져 온 빛나는 양털을
치루스(페니키아의 고도[古都]. 보라색의 염료로 유명)의 염료에
적시지도 않았다.
풀의 잠자리가 건강한 잠을,
조용한 흐름이 마실 것을,
높은 소나무가 그늘을 지어 주었다.
또한 상인은 바다를 건너
미지의 여러 나라에 가서
이익을 얻으려고도 하지 않았다.
처참한 싸움의 나팔도 울리지 않았고

맹렬한 적대심이 피로

들판을 무섭게 물들이지도 않았다.

어째서 분노에 차서

곧 무기를 흔드는 마음이 되겠는가?

피의 보수가 전혀 없음에도

심한 상처를 볼 뿐이다.

오오, 우리의 시대를

옛날의 풍습으로 되돌려 보낸다면.

그러나 에트나 산의 불보다도 무섭게 소유의 욕망이 타오른다.

누구냐, 묻혀 있는 금괴를,

또 감추어져 있는 보석을

인류의 위험물이 되기까지

땅에서 파낸 최초의 사람은.

보에티우스[9]의《철학의 위안》

보에티우스는 기독교도였으나 동시에 플라톤이나 아리스 토텔레스와도 깊이 통하고 있었다. 철학은 그리스, 신앙은 기독교라고 하는 이중의 태도를 가지고 있었던 것으로 생각 된다. 그 점은 아우구스티누스 같은 사람과는 엄연히 구별된

---

9) 보에티우스(Boethius, 480-524), 철학자, 정치가. 로마 제국 최후의 귀족이 었다. 동고트 왕 테오도리쿠스를 받들었으나 반역죄로 몰려 처형되었다. 옥중에서 《철학의 위안》 5권을 썼다. 이것은 원죄(冤罪)를 받게 된 석학 인 집정관의 심경을 기술한 것으로 자기의 위안을 고대 철학에서 구하고 있다. 또한 아리스토텔레스의 논리학을 라틴어로 번역하여 중세의 아리 스토텔레스 연구의 시작이 되었다. 그 밖에《삼일신론(三一神論)》,《정통 신앙에 대해서》등이 있다.

다. 옥중에 있으면서 자신의 비운을 한탄하였음에도 불구하고 한 번도 왕의 이름을 부르지는 않았다. 안으로 감정을, 밖으로 사악을 이성으로 극복하려고 노력했던 것이다. 이 시에서 말하고 있는 것은 그리스에 대한 동경이며 로마의 현실에 대한 탄식인 것이다. 로마의 철학은 이 사람으로 그친다.

자기를 슬픔에 빠뜨린 적에 대해서는 무서운 증오를 가지고 이렇게 말했다. "그들은 분별이 없어진 눈을 투명한 진리의 빛으로 향할 수가 없다. 밤 같으면 분명히 보이지만 낮에는 눈먼 새와 같은 것이다." 여기서 죄 없이 투옥됐던 그의 분노가 눈에 보이는 것 같다.

사람을 비판하지 말라. 그것은 너희가 비판을 받지 않기 위해서이다. 너희가 비판하는 그 비판으로 너희 자신이 비판을 받을 것이며, 너희가 차별하고 있는 그 차별로 너희 자신이 차별을 당할 것이다. 어째서 형제의 눈에 있는 티는 보면서 네 눈에 있는 들보는 보지 못하느냐.

제 눈에는 들보가 있으면서 어찌 형제를 향하여 네 눈의 티를 빼라고 할 수 있겠느냐. 위선자들이여, 먼저 네 눈에서 들보를 빼버리라. 그러면 분명히 보게 될 것이며 형제의 눈에서 티를 빼버릴 수 있으리라.

좁은 문으로 들어가라. 멸망에 이르는 문은 크고 그 길은 넓다. 그래서 그 길로 들어가는 사람이 많다. 생명으로 이르는 문은 좁고 그 길은 험하다. 그래서 그 길을 찾는 사람이 적다.

《신약성서》, 〈마태복음〉

이것은 산상수훈 가운데 있는 한 구절이며 그 의미는 우리가 다 알고 있는 것이다. 예수는 사해(死海)의 북쪽에 있는 갈릴리 지방을 돌아다니며 "회개하라. 천국이 가까이 왔다"고 부르짖었다. 그때 많은 군중이 예수를 따랐다. 그리고 제자들도 예수의 주위에 모였다. 예수는 많은 무리를 보고 산에 올라가 앉아 이렇게 말했고, 그것이 곧 기독교 정신의 바탕을 이루고 있는 것이다. 모세의 십계가 유태교의 정신을 전한 것이라고 한다면, 그것을 한층 높여 인류의 종교에까지 끌고 간 것이다. 예를 들면 "이웃을 사랑하고 원수를 미워하라"고 한 것은 유태교의 교훈이지만, "원수를 사랑하고 박해받는 사람을 위해서 기도하라"고 하는 새로운 교훈을 말했던 것이다.

"자기를 사랑하는 사람을 사랑했다고 해서 무슨 보답이 있겠느냐. 그런 일은 세리들도 하고 있는 것이 아니냐. 형제에게만 인사한다고 해서 무슨 훌륭한 것이 되겠느냐. 그런 일은 이방인들도 하고 있지 않느냐."

예수의 말은 이처럼 청신(淸新)한 가르침이었다.

예수는 실재하지 않았다고 말하는 사람도 있다. 그러나 그때의 팔레스타인에 유태교의 새로운 일파로서 종래의 유태교의 가르침을 비판했던 종교적 천재가 있지 않았느냐에 대해서는 부정할 수가 없다. 그러한 인물을 뒤에 그리스도라고 부른 것이다. 그리스도의 말이라고 전해지고 있는 것은 오늘날 더욱 새로운 윤리로서 전 인류에게 큰 힘을 주고 있다. 물론 《신약성서》는 신앙의 책이다. 그러나 《구약성서》와 더불어 이것도 인간의 책인 것이다.

제4장 르네상스 시대의 사상

개관

르네상스는 중세에서 근대로 넘어오는 과정에서 이루어진 넓은 의미의 문화 운동이다. 그 기간은 대체로 14세기에서 16세기 초엽까지이고 보통 '문예부흥' 이라고 번역된다. 그러나 문예만이 아니라 정치, 경제, 과학 등 모든 분야에 걸쳐서 개혁이 일어났다. 이 운동은 처음에 이탈리아에서 일어나 프랑스, 영국, 독일을 위시하여 북방 제국에 파급되었다. 동기가 된 것은 그리스·로마의 고전 문예부흥의 요구였다. 그것을 기반으로 인간 중심의 문화가 전개되었다. 고대 문예는 기독교 이전의 인간적인 문화의 전형이었기 때문에 이것을 구했고, 그 본질은 인간의 발전이었다. 곧 중세의 신 중심의 세계에서 벗어나 인간 중심의 세계로 돌아와 인간의 능력을 최대한으로 발휘하려고 하였다. 그렇지만 중세의 유럽인이 그리스·로마 문화와 완전히 격리되어 있었던 것은 아니다. 고전 문화는 형태를 바꿔서 기독교에 이용될 수 있는 실용면만이 존중되었다. 그러나 14세기의 이탈리아에서는 그리스 · 로마 문화의 본래적인 의미를 탐구하려는 사람들이 나타났다.

르네상스 운동의 원인

이 운동은 물론 처음부터 통일된 이론을 가지고 있었던 것은 아니다. 르네상스의 이념을 연구하기 시작한 것은 16세기의 이탈리아 미술가 바사리(1511-74)지만 르네상스가 널리 평가받게 된 것은 19세기에 들어서서부터다.

르네상스 운동이 일어나게 된 원인은 무엇일까?

이탈리아에는 강력한 봉건군주가 존재하지 않았다. 또한 지중해 무역에 의하여 화폐경제가 발달했고 도시가 생겨났기 때문에 봉건제가 무너져 갔다. 그리하여 근대적인 도시 생활이 최초로 시작되었다. 도시에서 자치를 하고 있던 시민들은 차츰 중세기의 금욕 생활에만 만족할 수 없게 되어 현세 긍정의 이념을 요구하게 되었다. 거기에 그리스 · 로마의 문화가 흘러 들어온 것이다. 또한 이탈리아는 중세기를 통해서 비잔틴 제국의 문화와 접해 왔다. 그러나 터키의 서진으로 말미암아 많은 그리스의 학자들이 망명하게 되었고 그 때문에 그리스 문화에 친숙할 수 있었다. 거기에다가 로마 제국의 중심이었기에 그 유산도 받게 되었으며, 따라서 고대 문화의 부활이 국민주의와 맺어질 수 있었다. 이탈리아 안에서도 피렌체가 르네상스의 기점(起點)이 되었다. 이 도시는 상업이 번영했으며 민주주의의 풍조가 강했기 때문이었다. 드디어 메디치가(家)가 피렌체의 정권을 잡았으나, 이 일족은 학예의 보호에 노력하였다.

시인 단테(1265-1321)는 시대적으로 보면 중세기에 속하지만 작품 내용으로 말하면 르네상스를 인도한 인물이라고 하겠다. 그것은 그가 인간을 깊이 통찰하고 있었기 때문이다. 대표작인 《신곡(神曲)》은 스콜라 철학의 이념에 기초하고 있지만, 그 사색의 깊이나 현실적인 묘사는 신학적인 해석을 초월한 데가 있다. 또한 《제정론》, 《속어론》 등 두 저작도 유명하다. 이것들은 라틴어로 씌어 있지만, 전자에선 이탈리아를 로마 제국처럼 통일로 인도해야 된다고 말했고, 후자에선 이탈리아어를 보호하고자 하였다. 《신곡》이 이탈리아어로 씌어진 것도 애국적인 감정에서 나온 것이다. 르네상스의 발생지인 이탈리아에서 맨 처음 고전에 눈을 돌린 사람은 페트라르카(1304-74)였다. 그는 생애를 라틴 문헌의 연구에 바쳤으며 이탈리아를 영광된 조국 로마와 같은 나라로 만들 것을 원하였다. 그래서 이탈리아어의 시 〈칸초니에레〉를 발표한 이외에 라틴의 고전 작품을 모방하여 많은 라틴어 편지나 시를 남기고 있다.

이어서 그의 친구였던 보카치오(1313-75)가 《데카메론》을 저작하였다. 이것은 주제, 문체 할 것 없이 현실적이며 근대 소설의 시조로 되어 있다. 그도 라틴 고전을 연구하였으나 동시에 그리스어의 연구에도 손을 댔다.

이처럼 그들은 고전 문화의 발굴에 노력하였다. 동시에 휴머니즘의 색채가 강하였다. 고전 연구는 휴머니즘과 밀접한 관계를 가지면서 사람들 사이에 침투해 들어갔다. 또한 자연에 대한 종교의 속박이 없는 태도로 이어졌다. 그리고 그로부터 고대인의 자유로운 생활과 사상을 받아들였다.

독창적인 미술 작품

이탈리아에 있어서의 고전 연구는 주로 라틴의 고전에 대한 것이었지만 그리스 연구도 번성했다. 그리스에서 온 망명 학자 중 한 사람인 크리소로라스(1350?-1415)는 피렌체에 아카데미아 프라토니카를 개설하였다. 또한 피렐포(1398-1481) 등은 고대의 문헌을 계통적으로 수집하였다. 메디치가를 비롯하여 각 도시의 전제군주나 유력자도 패트런이 되어 이를 원조하였다. 그 결과 사본이나 인쇄에 의하여 고전이 보급되었으며 도서관도 건립되었다.

고전 연구열이 높아짐에 따라 거기에서 새로운 르네상스의 철학이 생겨났다. 이것은 인본주의에 기인한 것으로 개인의 가치를 존중하고 자연적·인간적·관능적인 것을 중요시하였다. 그 중에서도 특히 쾌락을 중시한 사람은 발라(1406-57)였다. 발라는 《쾌락론》을 써서 인간의 최고의 선은 쾌락이라고 하였다. 한편 고대사를 연구하여 지금까지 절대적이라고 하였던 교회에 대하여 비판을 가하였다. 이것은 종교개혁으로 이어지는 것이었다.

르네상스의 예술 중에서도 특히 미술의 영역에는 훌륭한 유산이 많다. 고전의 모방을 탈피한 독창적인 작품들이 속출하고 있었다.

건축가로서는 브루넬레스코(1377-1446)가 유명하다. 특히 브라만테(1444-1514)와 미켈란젤로(1475-1564)의 협력으로 이루어진 산 피에트로 성당(로마)은 최고의 걸작이라 하겠다.

그러나 가장 훌륭한 것은 회화와 조각이다. 조각가로서는 고대 조각의 유산이 많았던 것이 큰 힘이 되었다. 15세기에는 기베르티(1378-1455)와 도나텔로(1386?-1466)가 나타났고, 이어서 미켈란젤로가 많은 걸작을 남겼다. 〈다비드〉와 〈모세〉의 상은 용감하며 균형이 잡혀 있고 이 시대의 사람들의 인간관을 그대로 부조(浮彫)시키고 있다. 일반적으로 르네상스 시대의 예술가들은 만능인의 학식을 갖추고 있었다. 미켈란젤로도 또한 그러한 사람이었다. 즉 조각 외에 회화, 기술, 시, 해부 · 생리학 등 다방면에 걸쳐서 그 재능을 발휘하고 있었다. 다음으로 레오나르도 다 빈치(1452-1519)는 가장 전형적인 만능인이었다. 회화가로서 〈최후의 만찬〉이나 〈모나리자〉 등 불후의 명작을 그렸을 뿐만 아니라 조각, 건축, 음악에도 뛰어났다. 그리고 해부학, 지리학, 식물학, 공학, 광학, 물리학, 기상학, 기술면에서도 뛰어난 재능을 발휘했다.

또한 다 빈치 이전에는 마사초(1401-28), 프라 안젤리코(1387?-1455), 보티첼리(1444?-1510), 벨리니(1429?-1507) 등이 있었으며, 동시대에는 라파엘로(1483-1520), 티치아노(1490-1576) 등이 있었다. 라파엘로는 많은 성모상을 그렸고, 티치아노는 베니스파의 대표자로서 빛의 효과를 내는 데 노력하였다.

르네상스기의 사람들은 개인의 능력을 최대한도로 넓히는 것을 희망하였다. 그것은 자기의 명성을 높이는 데 노력한다는 결과를 낳았고, 영웅주의적인 전기나 첼리니(1500-71)의 자전(自傳)등이 탄생하였다. 카스틸리오네(1478-1529)와 같이 이상적인 궁정인을 그린다거나 니콜로 마키아벨리(1469-1527)와 같이 절대 군주를 긍정하는 이론을 주장하기도 하였다.

인쇄술의 발명

이 시기의 철학은 완전히 기독교에서 분리된 것은 아니었지만 어느 정도 학문으로서 독립을 얻고 있었다. 그리스 문화가 연구됨에 따라서 14, 5세기에는 고대 철학, 그 중에서도 스토아학파나 에피쿠로스학파의 철학이 유행하게 되었다. 더욱이 아카데미아 프라토니카가 세워지고 난 후부터 이 경향이 현저해졌다. 피렌체의 플라톤학회의 중심 인물은 피치노(1433-99)였다. 그러나 그들의 학설은 본래의 플라톤주의는 아니고 신플라톤주의라고 불리는 것이었다. 피치노는 인간의 정신은 신이 주었다는 인식에 입각하여 플라톤주의와 기독교의 융합을 지향하였다. 또한 피코 델라 미란돌라(1463-94)는 인간을 우주의 중심으로 생각하고 그리스 철학이나 기독교뿐만 아니라 유태교까지도 포함한 철학 체계를 만들었다. 이들 플라톤학파에 대하여서 16세기에 파도바를 중심지로 하여 아리스토텔레스학파가 생겼다. 이 학파는 카톨릭적인 해석을 탈피하려고 했다.

인문주의는 개인의 교양을 중요시하였다. 때문에 교육도 중요한 과제의 하나였다. 인쇄술이 발명되기 전에는 교육은 교사의 강의 형태로만 연구가 널리 행하여졌고, 이어서 인쇄술이 발명된 후에는 서적에 의한 지식의 전파가 이루어져 갔다. 대표적인 교육자로서는 펠트레(1378-1446)를 들 수 있다. 그가 뜻한 것은 정신, 육체, 성격의 조화가 잡힌 인간 교육이었다. 그러나 교회와 국가에 봉사하여야 할 인간이라는 것을 항상 염두에 두고 있었다.

자연과학의 분야에 있어서 르네상스의 업적은 정신적인

면의 경우에 비하여 아주 적다. 이 영역에 살고 있었던 당시의 인문주의자들은 신학의 교리에 반대하면서도 교회에 대하여서는 충실하였기 때문이다. 그렇다고는 하지만 폰타노 (1426-1503) 등에서는 객관적인 과학 인식이 보이고 있다.

이상과 같이 이탈리아 르네상스는 헤아릴 수 없이 많고도 찬란한 업적을 남겼지만 무제한으로 발달할 수 있는 전망은 보이지 않았다. 인문주의가 소수의 사람들 사이에만 존재하고 있었다는 것도 커다란 원인의 하나가 된다. 인문주의자들은 유력자나 교황청의 보호를 받았다. 그 결과 어느 정도 제약을 받지 않으면 안 되었다. 교황청은 처음에는 인문주의에 대하여 적대해 왔지만 이 운동이 힘을 발휘하게 되자 이것과 손을 잡으려고 하였다. 미켈란젤로 등은 향토를 위해서 메디치가와 싸우기도 하였다. 이리하여 15세기 말이 되면 인문주의자들은 궁정의 세력 밑에서 안일을 일삼으며 퇴폐해 가게 된다.

절대군주제의 이론

당시 이탈리아는 분열 상태에 빠져 있었다. 이런 속에서 마키아벨리(1469-1127)는 《군주론》을 썼다. 그는 피렌체 공화국 10인회의의 서기관이 되기도 하고 외교사절로서 여러 나라에 출입하면서 정치적 지식을 넓혔다. 그러나 한때 실각하여 정치를 떠났다. 《군주론》은 그동안에 쓴 것으로서 메디치가에 바쳐졌다. 마키아벨리는 이 속에서 자연법, 신의 법을 완전히 무시하고, 정치는 도덕이나 종교에 의하여 행하여지는 것이 아니라 권력이 가장 중요한 것이라고 하여 절대군주제를 강조하고 있다. 이것은 마키아벨리 사후 얼마 안 되어 교황청에 의하여 출판되었다. 그리고 절대군주제의 이론 서적으로서 널리 사용되었다. 그러나 그 자신으로서는 국민 국가의 건설을 이상으로 하였다.

마키아벨리의 사상은 《로마사론》이나 《피렌체사》에 나나 있다. 전자에서는 공화주의를 존중하고 있다. 이것을 보면 그가 전제 정치를 구가(謳歌)한 것은 현실적인 대책이 아니었던가 생각된다. 후자에서는 역사가 인과 관계에 의하여 움직인다는 순환설을 사용하고 있다. 그리고 교황이 이탈리아의 통일을 방해하는 데 대하여 강력한 비난을 가하였다.

마키아벨리 이외에 프란체스코 기차르지니(1482-1540)가 역사학에서 업적을 남기고 있다. 그의 《이탈리아사》 20권은 객관적인 관찰이라는 점에서 대단히 훌륭하다. 16세기 후반부터 17세기 초에 걸쳐 예술의 영역에서는 인문주의는 이미 쇠퇴하고 있었다. 그러나 이 무렵 사변적(思辨的)인 자연철학이 세력을 얻기 시작하였다.

16세기 말 조르다노 브루노(1548?-1600)는 서유럽의 여러 곳에서 반교회적 사상을 역설하였다. 그는 과격한 자유사상가로서 코페르니쿠스의 천문학에 의한 범신론적인 세계관을 갖고 있었다. 그 때문에 종교재판소에 체포되었다. 그러나 역시 자설(自說)을 굽히지 않아 드디어 화형에 처해졌다.

캄파넬라(1568-1639)도 재래의 교리를 비판한 사람이다. 그는 교회의 권위 그 자체에는 반대하지 않았지만 스콜라 철학을 공격하였고, 스페인에 지배되고 있었던 남이탈리아의 독립운동에 종사하였으나 1599년에 폭동 음모가 발각되어서 27년간이나 금고형을 받았다. 캄파넬라의 자연과학은 자연의 연구를 아리스토텔레스의 저술을 통하여서가 아니라 자연 그것으로서 해야 한다는 설이었다. 그러나 자연철학보다도 《태양의 나라》라는 이상사회론이 더 유명하다.

휴머니즘의 대표자

르네상스 운동은 그 후 이탈리아에서 여러 나라로 파급되었고 그 나라에 따라서 독자적인 발전을 보이게 되었다. 먼저 프랑스에서 휴머니즘 사상에 고대 사상이 동화되어 독자적인 휴머니즘의 이념이 이루어졌다. 프랑스에 있어서 이 운동의 직접적인 동기가 된 것은 15세기 말에 이루어진 샤를 8세의 이탈리아 원정이었고, 16세기 전반 프랑수와 1세(1494-1547)의 시대에 전성기를 맞았다. 당시 프랑스는 이미 절대주의의 시대였기 때문에 르네상스도 궁정의 보호 밑에서 일어났다. 그러므로 귀족적인 색채가 농후했다.

프랑스 휴머니즘의 대표자로서는 몽테뉴(1533-92)와 라블레(1484?-1553) 등 두 사람을 들 수 있다. 몽테뉴는 종교전쟁 속에서 살았으면서도 시류를 초월하여 내면적인 생활을 하였다. 그 점은 자기의 신념을 열렬히 주장한 브루노나 캄파넬라와 대조적이다. 그는 스콜라 철학과 교회의 교리를 떠나서 자기 자신의 일상생활에서 인생을 직접적으로 이해하려고 했다. 그러나 기성 제도와 종교의 변혁에 대해서는 회의적이었고 인간의 내면 생활을 충실하게 지키려는 것을 보다 중요시하였다. 《수상록》에서는 신의 존재와 교의를 부정하고 있으나 안온한 인생의 태도를 반영하고 있다. 프랑수와 라블레는 《가르강튀아와 팡타그뤼엘》의 작자로서 알려져 있다. 그는 소설에서 정치, 사회, 종교, 교육 등의 모든 면을 풍자하였다. 특히 승려의 생활에 관한 것이 볼 만하다. 그는 유머가 풍부하고 대단히 박식한 작가였다. 프랑스에 있어서 르네상스기에는 고전의 연구가 성행하여 17세기 루이 왕조 시대에 전성기를 이루었다. 그리고 이것은 프랑스 고전주의로서 완성을 보았다. 마로(1496-1544)에서 시작하여 롱사르(1524-85)에 이르는 시인들은 이 사상을 나타내고 있다.

스페인에서도 국력의 진흥에 따라서 르네상스가 일어났으며 거기서는 국민주의와 카톨릭의 색채가 농후했다. 16세기에 전성기를 맞이하여 기사소설이 유행하였다. 17세기에 들어와서는 《돈키호테》의 저자인 세르반테스(1547-1616)가 나타났고, 포르투갈에서는 카모엥시(1524-80)가 애국적 서사시 《루지아다스》를 썼다.

성서 연구

독일에 있어서는 봉건제도와 교회 조직의 뿌리가 깊었기 때문에 그 나라의 르네상스도 기독교적·직인적(職人的)이었다. 그러므로 인문주의보다도 성서 연구나 기독교의 권위가 그 중요한 부분을 차지하고 있었던 것이다. 그리고 철학자로서는 니콜라우스 쿠자누스(1401-64)가 있었다. 그는 사상적이고 교의적이었지만 개성과 조화를 중요시한 점에서 새로운 점을 맛볼 수 있다.

성서 연구는 로이힐린(1435-1522) 같은 사람을 중심으로 일어났다. 그들은 기독교적인 휴머니즘에 근거를 둔 철학을 제창했고 아리스토텔레스주의를 확립했으며, 그것은 종교개혁과 깊은 연관성을 가진 이론이었다. 또한 야콥 뵈메(1575-1624)는 신비적 자연관을 낳았는데, 그의 철학은 가장 독일적인 사상이라고 할 수 있었다. 또한 루터(1483-1546)의 성서 번역과 찬송가 작성은 문학적인 의미를 갖고 있었다.

네덜란드에서는 에라스무스(1466?-1536)의 존재가 주목된다. 그는 유럽 여러 곳을 편력하면서 휴머니스트로서 넓은 지지를 받았다. 열성적인 기독교도였으므로 교회의 권위를 부정하지는 않았으나 현행의 기독교에 대해서는 날카로운 비난을 퍼부었다. 그리고 《신약성서》의 라틴어 번역과 주석을 하고 학문, 종교를 건전한 상태로 돌리기 위해 교육계에 종사하였다. 그러나 중용(中庸)을 존중하는 코즈모폴리턴이었기 때문에 종교개혁과 로마 교황에 대해서도 냉정한 비판적인 태도를 계속 고수하였다.

그리고 영국은 유럽 대륙과 떨어져 있었기 때문에 르네상스가 뒤늦게 전하여졌다. 일찍이 14세기에 있어서 초서(1340?-1400)가 《켄터베리 이야기》를 써서 근대 소설의 선구가 되었다. 그 후 오랫동안 정체 상태에 있었으나 튜더 왕조가 확립된 후, 대학과 그 밖에 학교를 중심으로 고대 문화 연구가 행하여졌다. 그 중에서도 옥스포드 대학이 인문주의를 중심으로 모든 학문의 연구를 활발히 하였다. 존 콜레트(1466-1519)와 토머스 모어(1478-1535)는 이때에 활약한 사람들이다. 모어는 정치가로서 활약한 사람이지만 고대 그리스을 사랑했고 학식을 넓혔다. 그는 경건한 카톨릭 신자의 입장에서 그리스 승려들의 생활에 비판의 화살을 보냈다. 휴머니스트였던 그는 한편으로는 가난한 농민이 있고 또 한편으로는 금력주의(金力主義)의 물결을 탄 사람들이 있다는 공상소설의 형태를 빌어서 그 당시의 사회를 풍자했다. 이어서 프란시스 베이컨 (1561-1626)이 등장했다. "아는 것이 힘이다(scienctia est potentia)"라고 한 그의 말은 널리 알려져 있다. 그는 학문을 하는 목적을 실용성에 두고, 자연과학이 학문의 모체를 이루고 있다고 했다. 그는 《신논법(新論法)》에서는 인간은 많은 우상에서 해방되지 않으면 안 된다고 말했고, 인식의 기초로서 귀납법을 강조했다. 여기에서 영국의 경험론이 생겨났다. 16세기에서 17세기에 걸쳤던 엘리자베스 왕조 시대는 문학의 황금 시대였다.

시민으로서는 필립 시드니 경(1554-86)과 에드먼드 스펜서(1552-99)가 이름이 높았다. 특히 셰익스피어(1564-1616)가 출현함에 희곡의 전성시대가 왔다. 그의 문학은 시대를 초월해서 사람들에게 깊은 감동을 주었다.

지동설의 발견

르네상스 운동은 인문과학, 자연과학과 기술 계통에까지도 발자취를 남겼다. 먼저 천문과학에 대한 검토가 일어났다. 폴란드의 신부였던 코페르니쿠스(1473-1543)는 고대 천문학을 연구하였으며 거기에 의문을 품었다. 그 결과 한동안의 천체연구를 통해 지동설을 발견했다. 코페르니쿠스의 업적을 이은 사람으로 독일의 케플러(1571-1630)와 이탈리아의 갈릴레오 갈릴레이(1564-1642)가 나왔다.

케플러는 '케플러의 법칙'을 발견하고 근대 천문학의 기초

를 확립했다. 갈릴레이는 수학, 역학, 광학, 혹은 예술가로서
도 손색이 없었다. 그 중에서도 코페르니쿠스의 가설을 증명
해서 보급시킨 점에서 훌륭한 업적을 남겼다. 그런데 그의
태양 중심설은 카톨릭 교의를 반박했다고 하여 비난을 받았
다. 그 때문에 갈릴레이는 종교재판에 걸려들어 그의 학설을
취소하라는 명령을 받았다.

천문학 이외에 화약, 나침반, 인쇄술의 발명이 있었다. 이
것을 르네상스의 3대 발명이라고 한다. 그 이후의 과학의 발
달도 눈부셨다. 특히 바스코 다 가마(1469-1524)는 인도의
항로를 발견했고, 콜럼버스(1451?-1506)는 아메리카를 발견
했다. 또한 마젤란(1480?-1521)의 세계 일주 등도 기억할 만
하다.

르네상스와 아울러서 종교개혁이 유럽 전체를 뒤흔들었
다. 중세기의 오랜 기간을 통해서 기독교는 《성서》의 정신을
떠난 교리 밑에 놓이게 되었다.

신부는 도덕적으로도 타락하여 면죄부를 발행하는 등 완
전히 세속화되고 있었다. 이러한 상태에 대한 개혁운동이 14
세기경부터 일어나기 시작했다. 영국의 위클리프(1320?-84),
보헤미아의 후스(1370?-1415), 이탈리아의 사보나롤라
(1452-98) 등이 지도자였다. 이들은 모두 구세력의 탄압으로
좌절되고 말았다.

종교개혁

유럽 전체의 개혁의 도화선이 된 사람은 독일의 마르틴 루
터였다. 그는 수도사로서 신학을 연구했으며 종래의 카톨릭

의 교의와는 다른 신앙에 눈을 떴다. 1517년 루터는 지금까지의 면죄부에 반대하는 항의서 95개조를 만들어 발표했다. 죄를 용납하는 것은 오로지 신뿐이라고 선언한 이것은 순식간에 독일 전체에 퍼졌다.

1519년에는 라이프치히 교황청에서 교황의 지상권에 관한 중재 토론회가 열렸다. 그러나 작센 공을 비롯해서 많은 제후, 귀족, 시민, 농민의 지지를 받아 현실적인 힘이 되었다. 개혁운동이 진행됨에 따라 농민전쟁이라고 하는 대사건이 일어나게 되었다. 농민은 봉건제와 교회 권력의 압력 밑에 짓눌려 있었기 때문에 루터를 그들의 대변자로 생각했던 것이다. 루터는 농민의 요구가 정당하다고 인정하였으나 농민전쟁에는 반대의 태도로 나왔다. 농민전쟁은 조직적인 통일을 잃고 무력도 모자랐기 때문에 패배하였다. 루터와 농민의 사이는 멀어져 갔다.

한편 인문주의자들도 반루터의 방향으로 기울어졌다. 그 뒤 독일의 중부 및 서부에 있어서는 루터주의가 공식 종교로 인정되었다. 프랑스에서도 루터파를 도왔다. 황제는 1529년 루터파의 포교를 금했다. 그러므로 루터를 지지하는 제후들은 강력히 항의하였다. 여기에서 신교를 의미하는 소위 프로테스탄트라고 하는 말이 생겨났다. 루터파의 제후들과 자유도시는 동맹을 맺고 황제와 싸웠다.

이 때문에 1546년부터 1년간 종교전쟁이 일어났다. 그리하여 1555년의 아우구스부르크 종교 화의(和議)가 성립되어서 루터의 신교가 독일의 국교로서 인정되었다. 그러나 종교문제는 이것으로써 해결된 것이 아니고 30년 전쟁까지 꼬리를 물고 계속되었다.

독일에 뒤이어 스위스에서 종교개혁이 일어났다. 이것도 국민주의와 결부되어 일어났다. 츠빙글리(1484-1531)와 칼뱅(1509-64)이 원인이 되었다. 츠빙글리는 인문주의 연구에 기초하여 종교개혁을 이루어 보려 하였다. 칼뱅도 법학과 인문주의의 연구에서 출발하고 있다. 그는 가장 엄격한 개혁론자였다. 프랑스 사람이었으나 파리에서 쫓겨나서 제네바를 무대로 활약하였다. 그의 근본 사상은 역시 《성서》를 최고의 권위로 하는 것이나 인간의 운명은 신의 절대적인 의지로써 움직여진다는 것을 역설하였다. 칼뱅파는 루터파와 같이 제후들의 보호를 받지 않고 비타협적이었기 때문에 근대적인 시민계급과 결합하였다. 그리하여 루터파에 비해서 훨씬 널리 퍼졌다.

프랑스, 서독일, 네덜란드, 스코틀랜드, 잉글랜드, 보헤미아, 폴란드 같은 지역에까지 크게 영향을 끼쳤다. 그 조직상으로는 장로파, 독립파, 회중파(會衆派) 등 3파로 나누어지게 되었다.

프랑스에서는 인문주의 운동과 함께 카톨릭교회에 대한 비판이 있었는데, 칼뱅파가 흥하면서 급격히 성하게 되었다. 황제는 독일의 프로테스탄트를 돕는 한편 국내에서는 칼뱅파에게 박해를 가했다.

신, 구 두 파의 항쟁이 격화된 끝에 16세기 중엽에는 드디어 내란이 일어났다. 결국 위그노파의 수령인 앙리 4세가 왕위에 올라 카톨릭과 위그노의 제휴를 시도하였다.

잉글랜드에서는 이미 부르주아지가 존재하여 추상적인 논

쟁보다도 실질적인 종교를 좋아하였다.

헨리 8세 때에 종교개혁이 일어났다. 이것은 절대주의 체제와 밀접한 관계를 가진 것이었다. 왕은 왕권을 확립하기 위해서 영국 교회의 우두머리가 되어서 교황의 지배를 떠나려 하였다.

그 후 엘리자베드 왕 시대에 영국 교회를 정식으로 국교로서 정하고 다른 프로테스탄트와 카톨릭을 배척하고 탄압하였다. 프로테스탄트의 발흥에 대하여 카톨릭측에서도 내부 개혁의 필요성이 제창되었다. 그리하여 반종교개혁의 움직임이 일어났지만, 그 가운데 가장 정리된 기관은 스페인 사람인 이그나티우스 데 로욜라(1491-1556)에 의하여 만들어진 예수회였다. 그들은 여러 곳에서 교육에 종사함과 동시에 전도에 힘썼다.

2세기에 걸쳐서 일어난 종교분쟁 끝에 유럽에서 세 가지의 그리스도의 교권이 분립하게 되었다. 즉 동유럽(슬라브 민족)은 동방교회, 중부·북부 유럽(라틴 민족)은 카톨릭, 북부는 프로테스탄티즘(게르만)으로 구분되었다. 그리하여 국가 권력에서 독립하게 되었다.

사람들은 종래의 교리에서 독립하여 근대적인 인간으로서 자각하게 되었다.

인간과 사상

이들 2종(二種)의 언어 (문법어, 즉 인공적으로 진부하게 결정한 문장어로서 특히 라틴어와 속어(俗語)를 가리킴) 가운데 속어가 훨씬 귀중하다. 속어는 인류가 최초로 썼던 언어인 동시에 전세계가 사용한 언어인 것이다. 그러면서도 그 발음과 어휘는 여러 가지로 다르게 되어 있다. 그뿐 아니라 다른 언어는 우리들에게도 극히 자연스럽다. 그러므로 속어는 한층 귀중한 것이다.

단테[1]의 《속어론》

《속어론》은 당시 이탈리아 계통의 방언, 그 분포 등을 말하고, 나아가 당시에 유행하고 있던 시형(詩型)을 논한 것이다. 그 즈음에는 라틴어가 존중되어 학술 용어로 사용되고 있었다. 이탈리아어와 그 나머지의 로망스어는 속어로 불렸다.

단테는 그러한 전통에 저항하여 민중들 사이에서 쓰이던 속어의 의미를 강조한 것이다. 그때 따로 참고서도 없이 오직 독력(獨力)으로 이러한 견해를 발표했다. 단테는 르네상스의 첨단적인 인물이었다. 《신곡》도 이탈리아의 토스카나 지방의 방언으로 썼다. 이것은 마르틴 루터가 《성서》의 독일어로의 번역을 시도한 사실과 비슷한 것이다.

《성서》는 그때까지 라틴어로 번역되고 있었다. 더구나 라틴어는 로마 각 지방에 따라 새로운 언어로서 독립해 갔다.

---

1) 단테 알리기에리(Dante Alighieri, 1265-1321), 이탈리아의 국민적 시인. 피렌체 태생. 유년 시절에 우연히 만난 베아트리체라는 아름다운 소녀로 인하여 정신 생활에 강한 충격을 받았다. 그녀가 사라진 후로 학문의 연구에 온 힘을 기울였다. 그는 신성 로마 황제에 의한 조국 통일을 원하여 정치에 휩쓸려 들어갔다가 추방되어 방랑 생활을 했다. 저서로 《향연》, 《제정론》 등의 철학서도 있으나 최대의 걸작은 만년에 쓴 《신곡》이다.

피렌체시에 있는 벽화 〈천국〉의 일부로 가운데가 청년시절의 단테이다.

이탈리아어를 라틴어의 국어로서 생각해도 좋지만, 그 밖에 프랑스어, 스페인어, 포르투갈어, 루마니아어 등이 생겨 그 모두를 통틀어 로망스어라고 부르고 있었다.

단테의 《신곡》은 세계 문학에서 가장 훌륭한 고봉을 차지하고 있는 것 중의 하나다. '신성한 희극'으로 직역되나 통용하는 가극의 의미가 아니고 처음에는 비참한 운명에 시달리지만, 결말은 행복으로 끝난다는 의미이다.

〈지옥편〉, 〈연옥편〉, 〈천국편〉등 3부로 나뉘어 각부는 33장을 포함하고 있는데, 〈지옥편〉에는 서장이 붙어 있기 때문에 총 1백 장으로 되어 있다. 서장에는 다음과 같은 일절이 적혀 있다.

"인생의 도중에서 어느덧 어두워진 숲속에서 문득 나 자신을 돌이켜 보았다. 길을 잃었기 때문에 그 숲속의 험난함에 기가 질려서 무섭고 두려운 주위의 모습은 말로써 표현하기 어렵고, 그 괴로움은 차라리 죽음이라도 이보다는 덜할 것이다."

단테는 1300년 봄, 35세에 이르러 숲속의 한 길에 서서 망설이게 된 것이다. 그때에 로마의 시인 베르길리우스(기원전 70-19)가 나타나서 지옥과 연옥을 안내하고 드디어 천국으로 이끌어 가서 아름다운 여인의 곁에까지 안내해 주는 것이다. 여기에 등장하는 여인이 바로 베아트리체이다. 지옥의 문에는 다음과 같이 적혀 있다.

"나를 지나면 수심의 도시가 있고, 나를 지나면 영원한 괴로움이 있으며, 나를 지나면 멸망하는 백성이 있다. 정의는 거룩한 조물주를 움직여서 성스러운 나를 만든다. 영원한 제일의 그것 외에는 물건으로서 나보다 먼저 만들어진 것은 없다. 그리고 나는 영원히 서 있다. 너희들 여기에 들어가는 자여, 모든 소원을 버려라."

단테는 무서운 지옥을 지나 연옥에까지 왔다.

그곳은 구원받은 영혼이 천국에 들어가기 전에 죄를 속죄하는 곳이다.

가령 교만한 죄를 깨끗이 씻어야 하는 영혼은 커다란 돌을 어깨에 메고 몸을 굽히고 걷는다. 그 길의 암벽에는 성모 마리아의 수태고지(受胎告知)의 그림들이 조각되어 있다. 그것은 겸손의 미덕을 가르치는 것이다. 연옥의 끝에는 '지상낙원'이 있다. 천국에 들어갈 준비를 하는 장소이다. 여기에서 베르길리우스는 인간의 이성을 상징하고 베아트리체는 신앙을 상징한다.

천국에서는 모든 희망이 성취되고, 지상의 괴로움은 기쁨으로 변하며, 전세계의 신의 사랑 속에서 무엇보다도 아름다워진다.

차츰 올라감에 따라 토마스 아퀴나스 이하 성자들을 차례로 만나고 교훈과 시문(試問)으로 접수받는다. 최후로 지고천(至高天)에 도달하니 그곳에서 성도군(聖徒群)이 커다란 장미의 모양으로 나타난다. 그 가운데서 삼위일체와 우주의 조화의 비밀을 한순간에 파악한다.

《신곡》은 신학을 설명한 것은 아니다. 하나의 훌륭한 문학 작품으로서 제작 동기는 극히 개인적인 것이었다.

단테가 고향에 머무르지 못하고 각지를 유랑하게 된 데 대한 '보복'이라고 알려지고 있다. 극히 환상적인 작품으로서 씌어진 것인데, 등장인물의 대부분은 실존 인물을 그 모델로 삼은 것이다.

'베라카' 라고 하는 악기 제조사가 피렌체에 살고 있었다. 이 사나이는 어느 날 문 앞에 앉아 무릎 위에 팔꿈치를 얹고 턱을 두 손으로 괴고서 게으름을 피우고 있었다. 단테는 지나다가 그것을 보고 웃었다. 이 사나이는 정죄산(淨罪山) 밑에서 무릎과 머리를 그 모양으로 하고 앉은 채 게으름뱅이는 산에 오를 수 없는 것으로 표현되고 있다.

《신곡》의 동기로서 그 복수심 외에 베아트리체에 대한 잊을 수 없는 사모와 찬미도 중요하다.

《신생(新生)》은 단테와 베아트리체의 청순한 연애 이야기지만, 그 속편으로서의《신곡》은 인류의 혼의 이야기로 높이 평가되고 있다.

운명의 유위전변(有爲轉變)은 지극히 가혹하여 견디기 어렵습니다. 따라서 운명에 관한 이야기를 들려주어 조금이라도 운명의 미소를 보게 되면 더러는 빠져 들어가는 단잠에서 깨어나지 않을 수 없습니다. 그러므로 저는 행복한 분이나 불행할 분이나 다 같이 그런 이야기를 듣고, 행복한 분은 몸을 조심하고 불행한 분은 스스로 위안하는 수단을 갖기 바랍니다.

궁정 안에도 백성을 지배하느니보다는 돼지기라도 시켜 주는 것이 적당하다고 생각되는 임금님이 있는 것과 같이, 가난한 사람들의 판잣집에도 하늘로부터 혼이 내릴 수 있다고 하는 것을 잊어서는 안 됩니다.
　　　　　　　　　　　　　　　　　　　　보카치오[2]의 《데카메론》

데카메론은 '10일간의 이야기'라는 의미이다. 1348년에 유럽 전체에 페스트가 유행하여 수많은 사람들이 죽어 갔다. 그 공포에 사로잡힌 사람들의 마음을 가라앉히기 위해 일부러 익살스러운 이야기를 썼다고 한다.

단테의 《신곡》에 대하여 《인곡(人曲)》이라고도 평해지고 있다. 르네상스인의 인간 긍정의 측면을 가장 잘 표현한 것이다. 《데카메론》의 앞의 인용은 제2일의 제6화에 있는 것이다.

마돈나 베리토라는 나폴리의 명문 출신으로 시칠리아 섬의 왕께 봉사하는 귀족 부인이었다. 그녀는 분쟁에 끌려들어 두 어린애를 빼앗겼다. 자기 자신은 두 마리의 어린 사슴과 함께 어느 섬으로 피신하였으나 나중에 발견되어 루니지마나라고 하는 곳에 갔다. 그런데 그곳에서 자기의 자식이 국왕의 시종일을 하고 있었다. 그러나 그는 왕의 공주와 정을 통하다가 그것이 발각되자 체포되고 말았다. 그녀는 그 자식과 면회하였다. 뒤에 그 자식은 왕의 사위가 되는 동시에 또한 자식도 나타났다.

두 자식은 모두 귀족이 되었으며, 모친인 마돈나 베리토라는 시칠리아 섬에 돌아가 행방불명이었던 남편과 함께 행복

---

2) 보카치오(Giovanni Boccaccio, 1313-75), 이탈리아의 문학자. 피렌체의 부호였던 부친과 프랑스 부인 사이의 사생아. 나폴리에 머무르던 중 고전문학의 연구에 몰두하였다. 나폴리의 정권을 쥔 안쥬 공(公)의 딸과 서로 사랑하였으나 결합하지 못했다. 궁정에 모이는 문인들과 알게 되어 창작을 시작하여 피렌체에 돌아온 후 페트라르카와 친해졌다. 주저 《데카메론》은 근대 인간 해방을 고하는 서적이라고 한다. 그 후 반생을 학문의 연구에 바쳤다.

한 생활을 하게 되었다.

'인간만사 새옹지마(人間萬事塞翁之馬)'라고 하는 옛날 중국의 전설과 같은 이야기다. 뒤의 인용은 이야기의 최후에 나오는 구리세루다의 이야기 가운데 서 온 것이다.

농사꾼의 딸 구리세루다는 백작 부인이 되어 두 아이를 낳았다. 그 후 백작은 아내로 하여금 두 아이가 죽은 것처럼 믿게 한다. 그러고는 "네가 싫어져서 딴 여자와 결혼했다"고 말한다. 그 후 장녀를 신부처럼 꾸미면서 귀가시켰다. 그리고 그 즉시로 아내를 속옷 한 벌만 주고 쫓아 버렸다. 이윽고 아내가 어떠한 참혹한 처사에도 참을성 있게 견디는 것을 보고 다시 집으로 데려온다. 그리하여 성장한 두 아이를 보이고 안심시키면서 다시 백작 부인으로 맞이한다.

가난한 인간 가운데도 구리세루다와 같이 훌륭한 여성이 있다는 것을 표현한 것이다.

마지막 일을 충분히 생각하라.
무엇보다도 먼저 그 끝을 고려하라.

고독하다는 것은 구원된다는 것이다.
화가(畵家)는 자기를 매혹케 하는 것이 보고 싶을 때에는 그것을 낳는 주인이 되기도 하고, 또 간(肝)이 서늘할 만큼 기괴한 것이나 익살스럽게 우스운 것이라든가, 정말 불쌍한 것이라든가 그 무엇이든 보고 싶으면 그 주인이 되기도 하고 신이 되기도 한다. 또한 만약 여러 지역이나 사막, 그리고 무더운 날에 그늘진 숲을 만들고 싶을 때에는 그는 그것을 그린다. 같은 방법으로 추운 날에도 무더운 장소를 그려 낸다. 만약 계곡이 필요하다든가, 산마루의 높은 곳에서 광야를 바라보고 싶다든가, 또한 그쪽의 넓은 바다를 보려고 한다면 그는 그것의 주인인 것이다. 또한 낮은 골짜기에서 높은 산을 올려다 본다든가, 혹은 높은 산에서 낮은 골짜기나 경사진 곳을 굽어보고 싶을 때에도 같은 방법을 사용한다. 실제로 이 우주 가운데 본질로서, 현재로서, 혹은 상상으로서 있는 것을 그는 먼저 뇌리에 넣고 다음에는 손에 넣는다. 그리고 그것은 상당히 우수하므로 그것들이 어떠한 것이든 동시에 한눈에 균형 잡힌 조화를 낳는다.

《레오나르도 다 빈치[3]의 수기》

레오나르도 다 빈치는 '만능인'이라고 한다. 영국의 베이컨이나 프랑스의 '백과전서파'와 같이 그 지식이 놀랄 만큼 다방면으로 박식하다. 그러나 스스로 그림을 그리고 예술에서 과학의 영역에 걸쳐 뛰어난 재능을 나타낸 점에서 베이컨이나 백과전서파를 훨씬 능가하고 있다. 아리스토텔레스가 그리스 문화를 상징하는 인물이라고 한다면, 레오나르도 다 빈치는 르네상스 문화의 가장 뛰어난 부분을 상징한다.

처음부터 마지막 일을 생각하라고 하는 말 가운데는 이 천재가 인생을 대하는 각오가 숨겨져 있는 것처럼 생각된다. 그리고 고독을 즐긴 것도 천재에 알맞는 취미인 것이다. "홀

---

3) 레오나르도 다 빈치(Leonardo da Vinci, 1452-1519), 이탈리아 르네상스 시대의 거장. 화가, 조각가, 건축가, 음악가, 기술자, 과학자. 피렌체와 밀라노에서 활약하고 많은 명화를 남겼다. 〈모나리자〉, 〈최후의 만찬〉 같은 것은 최대의 걸작이다. 회화 외에도 조각은 물론이고 건축, 축성의 일도 했으며 또 자연과학에도 널리 통했다. 르네상스인이 이상으로 했던 '만능인'을 대표한다. 회화에 관한 저술인 《회화론》도 유명하다.

률하게 산 인생은 길다", "끊임없는 노력이여, 숙명의 노력이여", "되지 않는 일을 원해서는 안 된다"고 말하고 있는 천재의 모습에는 어딘지 모르게 처참한 외로움이 숨겨져 있는 것 같다.

레오나르도 다 빈치의 수기는 약 5천 장이 남아 있으며 그것은 실제 씌어진 수기의 약 3분의 2라고 한다. 수기는 이상하게도 거꾸로 된 문자, 곧 이면에서 본 모양으로 씌어져 있다. 이것은 다른 사람이 쉽게 읽을 수 없게 하기 위해서 그랬던 것이 아닌가 싶다. 우리는 인생에 대해서 말한 많은 문장을 알고 있다. 그러나 인생을 진실하게 살아 나간 인간의 말은 지극히 적다고 하는 것도 알고 있다. 레오나르도 다 빈치의 말은 그 적은 말 가운데 하나인 것이다. 레오나르도 다 빈치야말로 인생을 말하는 데 적합한 사람이었던 것이다. 《회화론》도 또한 천재가 말한 예술론으로서 깊은 가르침을 준다.

그런데 여기서 무서움을 받는 것보다는 사랑을 받는 편이 좋으냐, 사랑을 받는 편보다는 무서움을 받는 편을 택하는 것이 좋으냐고 하는 의문이 생긴다. 그 답으로서는 두 가지를 모두 원하라고 말하고 싶다. 그렇다고 해서 사랑과 무서움이 반드시 양립할 수는 없는 것이다. 그러므로 만약 그 어느 것이든 하나를 선택한다면 사랑을 받는 것보다는 무서움 받는 편이 훨씬 안전한 것이다. 왜냐하면 대개의 인간은 은혜를 모르고, 변덕스럽고, 정직하지 못하고, 위험에 대해서는 겁이 많으며, 이해면에 있어서는 탐욕스럽고 그리고 은혜를 입는 동안은 군주에게 충성을 다하며, 위험이 멀리 있는 한 군주를 위하여 피를 흘리고, 재산이나 생명, 더욱이 그 자식까지도 희생시키려고 하지만, 그러나 정작 위험이 닥쳐왔을 때에는 그들은 군주를 외면해 버리기 때문이다.

마키아벨리[4]의 《군주론》

마키아벨리즘이라는 말이 있다. 그것은 권모술수라는 의미다. 다시 말하면 목적을 위해서는 수단을 가리지 않는다는 것이다. 이 말의 어원이 되고 있는 것은 니콜로 마키아벨리의 《군주론(君主論)》이다.

〈보르쟈 가의 독약〉이라고 하는 영화가 있다. 케사레 보르쟈는 무자비하고 냉혹한 독재자였으며, 독살이라고 하는 수단도 가리지 않았다. 1502년에 마키아벨리는 이 보르쟈의 궁정에 사절로서 머물렀다. 거기서 그는 보르쟈의 정치의 실태를 자세히 보았다. '보르쟈는 얼마나 교묘하게 신중하고 대담무쌍하며 그리고 친절한 말씨와 잔인한 행위를 하였느냐, 또 얼마나 태연하게 배신과 위선을 행했느냐, 얼마나 야만적인 테러 행위를 써서 피정복자를 복종시켰느냐 그리고 피점령국의 지배가 얼마나 가혹하였느냐"하는 것을 배웠던 것이다. 그 결과 《군주론》을 낳은 것이다. 군주에게 있어서 잔인이라는 것은 필요한 무기인 것이다. 작은 사건으로 철저

---

4) 마키아벨리(Niccolo di Bernardo dei Machiavelli, 1469~1527), 이탈리아의 정치학자, 역사가. 피렌체 공화국 10인위원회의 서기장이었고 외교사절로서 여러 나라에 왕래했기 때문에 국제 정치에 능통했다. 정권이 메디치 가에 복귀되고 나서는 공직에서 추방되었다. 뒤에 독자의 국가관을 《군주론》으로서 엮어 독재 군주에 의한 국가의 통일을 구했다. 이것을 마키아벨리즘이라고 한다. 그 밖에 《로마사론》, 《피렌체사》 등의 저서가 있다.

한 탄압을 행하는 편이 자유방임에서 생기는 대규모적인 약탈과 유혈보다는 훨씬 좋은 정치다. 여기서 후자의 경우는 나라 전체가 망하지만, 전자의 경우에는 다만 군주만이 악인이 될 뿐이다. 이러한 사고방식은 현대의 정치 형태에서도 뚜렷하게 나타나 있다. 정치학의 입장에서 본다면 파워 폴리틱스〔權力政治〕 위에 성립되고 있으며, 마키아벨리즘이 공공연하게 이루어지고 있다. 물론 정치가는 작은 희생을 가지고 큰 행복을 얻으려고 한다. 이러한 점에서 마키아벨리즘의 사고방식과 놀랄 만큼 일치된다. 따라서 정치의 본질을 마키아벨리만큼 날카롭게 말한 사람은 없다고 하겠다.

얼마나 많은 것들이 위대함과 거룩함을 꾸미고 있는가,
그리고 사람들은 그것을 감탄의 눈으로 바라본다.
그러나 한 사람,
그 곁에 선 그에게는 그것들이 얼마나 보잘것없으며
그리고 그들이 멋없이 날뛰면 날뛸수록
얼마나 소태처럼 씁쓸하게 보일 것이냐.
그것뿐이면 그래도 좋다.
그 공허한 멋도 모르는,
사상이 없는 세계에 그는 알맞지 않으면 안 되고
사람들이 말하는 것을 말하지 않으면 안 되며
그리고 속이고 기뻐하며
또 웃으면서, 감추어진 눈물을 누른다.
나의 행복은 모든 것으로부터 숨는 것이다.
내가 우는 한탄도, 그리고

내 마음속에서 바라는 것도 은밀히 구한다.

세계는 눈이 멀었다. 그리고 배신자에게만 충실하다.

그러나 나는 증오도 명예도 탐하지 않는다.

그저 조용히 간다. 나 혼자 나의 길을.

미켈란젤로 [5]

미켈란젤로는 피렌체에서 도망하여 로마에 망명했다. 메디치 가에서 보호를 받고 있었으나 그 전제 정치에 견딜 수가 없었던 것이다. 그러나 로마에도 전제 정치가 실시되게 되었다. 어떤 종류의 이단과도 교섭하면 사형에 처한다는 미친 듯한 법령이 나타났던 것이다. 제네바에서는 칼뱅이 프로테스탄트의 왕국을 이루고 있었기 때문에 스위스의 제네바와 어떠한 연락이 있는 자라도 사형에 처했던 것이다. 프로테스탄트는 그 당시 카톨릭으로서는 죽이고 싶도록 미운 적이었던 것이다. 이 시는 르네상스의 황혼을 탄식한 것으로 전제자의 추악한 본질을 통탄한 것이다. 이 시대의 전제 정치에 대한 비난 공격인 것이다. 미켈란젤로는 단순한 예술가만은 아니었다. 그는 전제 정치에 대해서 뚜렷이 자기 의지를 대결시킨 한 사람의 뛰어난 시민이기도 했다.

---

5) 미켈란젤로(Buonarroti Michelangelo, 1475-1564), 이탈리아의 조각가, 화가, 건축가, 시인. 다 빈치, 라파엘로와 더불어 이탈리아 르네상스의 최대의 예술가. 피렌체에서 메디치 가의 보호를 받았다. 로마에서 만든 대리석상 〈피에타〉에 의해서 명성을 얻었고, 그 뒤에 피렌체 시민을 위해서 〈다비드〉의 거상을 완성한 외에도 〈모세〉, 〈성모자(聖母子)〉 등의 명작을 남겼다. 벽화 〈최후의 심판〉도 유명하며 사원, 도서관, 저택의 설계, 건축에도 종사하였다.

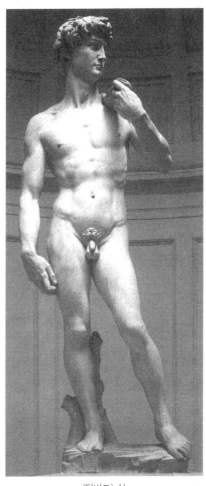

〈다비드〉상.

살베아치 : 왜 한 알의 모래가 맷돌의 돌과 같은 속력으로 떨어진다고 말하지 않습니까? 그러나 심푸리치오 군, 나는 당신을 믿고 있습니다. 당신은 많은 사람들의 방법을 본떠서 의논을 주제에서 이탈시키고, 정말 머리카락 하나만한 약점을 가진 나의 말꼬리를 잡고 그것으로 배의 닻을 달 만큼 큰 잘못을 감추는 것 같은 그런 짓은 하지 않겠지요? 이렇게 말하는 것은, 아리스토텔레스는 "1백 큐비트의 높이에서 떨어지는 1백 파운드의 쇠뭉치는 동시에 같은 높이에서 떨어지기 시작한 1파운드의 쇠뭉치가 1큐비트 떨어졌을 때 지면에 달한다"고 하기 때문입니다. 당신은 실험을 통해서 큰 것이 손가락 두 개의 넓이만큼 앞선다는 것, 즉 큰 것이 지면에 닿았을 때 적은 것은 손가락 두 개의 넓이만큼 늦어지는 것을 볼 수 있을 것입니다. 그래서 당신은 손가락

두 개의 넓이에 아리스토텔레스의 99큐피트를 숨긴다든가, 또는 나의 이 작은 잘못을 시끄럽게 만들어 가지고 보다 중대한 그의 잘못을 묵인해 버리는 그런 짓은 하지 않겠지요? 아리스토텔레스는 무게가 다른 물체는 동일한 매체 속을 (그 운동이 중력에 의하는 한) 그 무게에 비례하는 속력으로 통과한다고 말하고 있습니다. 그리고 이것을 그는 중력 이외의 것, 예를 들면 형태 같은 것은 사소한 주인 (主因)으로 보고 고려하지도 않고, 중력이 미치는 순수한 작용만을 인정할 수 있는 물체를 사용해서 증명하고 있습니다. 그러나 이 형태라고 하는 것은 중력의 순수한 작용을 교란시키는 매체의 영향을 받는 일이 상당히 큽니다. 말하자면 모든 물체 가운데서 밀도가 가장 큰 금도 두들겨 늘여서 극히 얇게 금박으로 하면 공중으로 떠돌며 돌의 경우에도 갈아서 가루로 만들면 역시 같은 말을 할 수가 있을 정도입니다. 그렇지만 만약 당신이 이 일반명제를 확보하고 싶다면 여러 가지의 무거운 물체에 대해서 속도는 그 무게와 같은 비례를 가지고 있다는 것, 따라서 2백 파운드의 돌이 20파운드의 돌보다도 10배의 속도를 나타내지 않으면 안 될 것입니다. 그렇지만 나는 이것은 사실에 반대되고 있으며, 만약 이 두 개의 돌이 50 또는 1백 큐피트의 높이에서 하강할 때 지면에 닿는 것은 같은 시간이라는 것을 단언합니다.

갈릴레이[6]의 《신과학 대화》

살베아치라고 하는 사람은 새로운 과학자이며, 심푸리치오 군이라고 하는 사람은 아리스토텔레스의 철학에 정통한 학자이다. 《신과학 대화》에는 이 밖에 또 한 사람 베네치아 시민인 사고레도라고 하는 인물이 등장한다. 대화는 4일간에 걸쳐서 행해진다. 맨 첫날은 기계학과 운동의 이론에 대해서 여러 가지의 문제가 제출되고 그것에 대한 그릇된 생각이 비판된다. 비판은 모두 사실의 관측과 실험을 근거로 해서 행해지고 있다. 단순한 장단 맞추기가 아니다. 아리스토텔레스에 대한 강한 비판이 특히 눈에 띈다. 아리스토텔레스는 그리스 문화를 집대성한 뛰어난 학자이지만 그 학설에는 그릇된 점도 결코 적지 않았다. 그러나 중세기를 통해서 절대의 권위로 간주되어 왔다. 그러나 그 권위를 깨뜨리려고 한 점에서 르네상스인 갈릴레오 갈릴레이의 면목이 엿보이는 것이다. 그 권위를 무너뜨리는 것은 결코 쉬운 일이 아니었다. 그러므로 지금 그것을 보면 대단히 복잡한 실증이 많이 필요했던 것이다. 또한 많은 사람들에게 사실을 전하기 위해서 대화라고 하는 알기 쉬운 형식을 택한 것이다.

가장 멀리 있는 것은 항성(恒星)의 천구(天球)이며 여기에는 모든 것이 포함되어 있기 때문에 부동(不動)이다. 이것은 우주의 테두리인 것이다. 모든 별의 위치와 운동은 거기에 관계된다. 일부 사람들은 이 항성의 천구가 움직인다고 생각하고 있으나, 우리의 지동설

---

6) 갈릴레이(Galileo Galilei, 1564-1642), 이탈리아의 물리학자, 천문학자. 피사 대학 재학 중에 진자(振子)의 등시성을 발견. 1589년 피사의 사탑에서 낙체의 실험을 하여 피사 대학 교수에서 쫓겨나서 파도바 대학으로 전임 갔다. 1609년 망원경을 만들어 천체 관측에 사용하여 코페르니쿠스의 지동설에 하나의 실증을 주었다. 그러나 이것은 교황을 우롱하는 짓이라고 해서 종교재판에 회부되어 지동설의 취소를 강요받았다. 그 후 이단자로서 박해를 받았다. 주저 《대화편》, 《신과학 대화》 등이 있다.

에서는 왜 항성의 천구가 움직이는 것처럼 보이는 것이냐 하는 이유를 명백히 한다. 운동하고 있는 천체의 제일은 토성(土星)이고, 이것은 30년 만에 그 궤도를 일주한다. 다음은 목성(木星)이며, 이것은 12년 만에 1회 공전한다. 그 다음은 화성(火星)이며, 2년 만에 공전한다. 공전기의 순서의 네 번째로 주전원(周轉圓) 궤도를 도는 달을 동반한 지구가 있다고 우리는 주장한다. 다섯 번째로 금성(金星)의 9개월 반의 회전이 있다. 여덟 번째로는 수성(水星)이 있는데, 이것은 80일간에 운행한다. 그리고 이 모두의 중심에 태양이 존재하는 것이다. 정말 이 아름다운 전당에 있어서 횃불이 동시에 전체를 비치는 것같이 이처럼 잘 맞는 위치가 또 있을까? 이와 같은 질서 있는 배치에 의해서 다른 방법으로는 얻을 수 없는 우주의 놀랄 만한 대칭과 운동과 궤도의 크기에 대한 관계를 볼 수가 있는 것이다.

코페르니쿠스[7]의 《천체의 회전에 대해서》

이것은 코페르니쿠스의 우주관을 가르친 것이다. 이 체계는 옛날부터 진리로 믿어져 왔던 프톨레마이오스(2세기)의 천동설과는 전혀 다른 것이다. 프톨레마이오스는 사실에 반해서 지구의 주위를 태양이 돌고 있다고 생각했기 때문에 상당히 복잡한 체계를 엮어 내지 않으면 안 되었다. 그리스에

---

7) 코페르니쿠스(Nicolaus Copernicus, 1473-1543), 폴란드의 천문학자. 토룬의 부유한 상인의 아들로 태어났다. 크라카우 대학에서 의학, 신학, 천문학, 수학을 배웠다. 뒤에 이탈리아에 유학. 귀국 후 프라우엔부르크 사원의 승려가 되었으나 반생을 천체 관측에 바쳤다. 종래의 기독교적인 우주관을 뒤집어엎는 지동설을 제창하여 종교가, 천문학자 등의 무서운 비난을 받았다. 《천체의 회전에 대해서》는 죽음 직전에 겨우 출판이 되었으나 교회의 금서목록에 올라 있었다. 지동설은 그 뒤에 갈릴레이, 케플러에 의해서 실증되었다.

서도 지동설이라고 하는 가설을 생각한 사람도 있었다. 아리스타르쿠스(기원전 310?-230?)가 바로 그 사람이다. 코페르니쿠스는 그의 설을 알고 천동설을 검토하지 않으면 안 된다고 생각하게 되었다.

코페르니쿠스의 체계는 같은 시대의 사람들로부터 비난을 받았다. 코페르니쿠스를 조소하는 연극이 상연되었으며, 거기서는 천문학자가 악마에게 혼을 판 것으로 되어 있었다. 또한 교회 계통에서도 반격을 받았다. 인간을 우주의 중심으로 삼는 천동설이 부정된다는 것은 인간과 신의 관계를 말하는 종교가에게도 구미에 맞지 않는 것이었다. 태양이 중심이며, 지구의 주위를 회전하는 것은 아니라고 하는 것은 성서에 배치되는 것으로 신학적으로 옳지 않다고 하는 반론이었던 것이다.

원장 : 그러면 다음으로는 그 주민들이 먹고 있는 음식물과 분량이라든가, 요리 방법 같은 것을 듣고 싶은데.

제노아 사람 : 그 사람들은 무엇보다도 먼저 공동생활체의 생활을 어떠한 방법으로 통제할 것인가를 생각합니다. 그 뒤에 개인 생활의 유지에 대해서 전념합니다.

주민들이 먹는 것은 고기, 치즈, 벌꿀, 버터, 대추조림 그리고 여러 가지 야채류 등입니다. 일반적으로 그 사람들은 짐승을 죽인다는 것은 어쨌든 잔인한 것으로 생각하기 때문에 죽이는 일은 하지 않습니다. 그러나 생각해 본다면 짐승과 같은 생명을 가진 식물을 죽인다는 것도 역시 잔인한 일입니다. 그렇다고 해서 먹지 않고 죽을 수도 없는 일이므로 결국 이 세상에서 약자는 강자의 이익이 되게끔 만들어져 있다고 하는 도리를 깨닫게 된 것입니다. 오늘날 그 사람들이 동물의 고기라면 무엇이든지 음식물로 하고 있다는 이유는 여기에 있습니다. 그러나 그들이라도 생산적인 유용 동물, 예를 들면 소나 말과 같은 것은 죽이지 않습니다. 음식물이라고 해도 그 사람들은 유해한 것과 위생적인 것을 엄중히 구별합니다. 그러므로 의학은 주민들에게 있어서 극히 유익한 것입니다.

식단은 매일 변경됩니다. 오늘이 뭍의 고기였다면 내일은 물고기, 그 다음은 야채, 또 그 다음날은 고기, 이러한 식으로 위가 상하지 않도록 먹습니다. 소화가 가장 잘되는 음식은 노인에게 드립니다. 노인들은 하루에 세 번 식사를 하며 그것도 아주 소량으로 그칩니다. 일반 사회에서는 하루에 두 번, 애들은 의사의 명령에 의해서 세 번 합니다. 태양의 도시의 주민들은 백 살까지 살며 이백 살이 된 노인도 상당히 많이 있습니다.

캄파넬라[8]의 《태양의 나라》

여기서 원장은 구호 수도원장을 가리키고, 제노아 사람은 그 원장을 찾아온 손님으로 선장이다.

선장은 세계 일주 여행을 하면서 다푸로방(스리랑카)에 닿았을 때 돌연 무장한 많은 남녀들에게 포위되어 '태양의 나라'에 끌려갔던 것이다.

---

8) 캄파넬라(Tommaso Campanella, 1568-1639), 이탈리아의 철학자. 1599년부터 1626년까지 스페인 정부에 대해 음모를 꾸몄다는 이유로 투옥되었다. 주저 《태양의 나라》는 옥중에서 쓴 것이다. 진정철학(眞正哲學)에 부가된 것으로 일종의 유토피아 국부론이라고 한다. 텔레시오의 영향을 받았으나 독특하게 자연을 설명했으며 근세 유토피아 사상의 조상으로 되어 있다. 1634년 프랑스에 망명, 파리에서 객사했다.

'태양의 나라' 는 유토피아다. 유토피아는 공간적으로 먼 곳에 설정하는 것이 하나의 전통처럼 되어 있다.

플라톤이 말한 아틀란티스는 대서양 가운데 있는 지상의 낙원이었다.

'태양의 나라' 로 스리랑카를 선택한 것도 유럽에서 아주 먼 곳이었기 때문이다. '태양의 나라' 의 거주민들은 사유재산과 가정이라는 것을 갖지 않는다. 각 개인은 필수품을 국가에서 배급받으며 그것만이 개인 재산인 것이다. 개인은 국가의 노예이다. 연애 결혼, 난혼, 여자 공유 이 어느 것도 다 물리친다.

결혼은 자손을 얻기 위한 의무이며 국가의 감시 하에 두어지며 우생학적 정책도 취해진다.

캄파넬라의 유토피아에서는 생산재의 국유와 결혼의 국가 관리가 가장 요긴한 조건으로 생각되어졌다. 또 유토피아에서는 새로운 기독교가 행하여지지 않으면 안 된다고 생각하였다. 그 세계는 신의 대리자인 로마 교황에 의하여 통치되어야 하며 교황이야말로 '태양' 이라고 결론지었다. 캄파넬라는 유토피아를 공상의 것이 아니고 실현 가능한 것으로 생각하고 있었다.

캄파넬라는 당시 스페인에 지배되고 있던 남이탈리아에서 독립운동을 일으켜 그곳에 '태양의 나라' 를 건설하려고 기도하였다. 이 계획은 배반자 때문에 실패하고 말았다. 캄파넬라는 간신히 도망치던 중에 적에게 붙잡혀 나폴리의 감옥에 갇혔다. 1599년부터 1626년까지 27년이란 오랜 동안을 옥중에서 보냈다. 처음에 심한고문을 받았으나 끝내 굽히지 않았다. 어떤 고통을 당해도 자기가 하고 싶지 않은 말은 한 마디도 하지 않는 참으로 영웅다운 태도를 보였다고 한다.

그 다음에 오는 것은 철학자입니다. 수염을 기르고 망토를 입고 확실히 존경할 만한 사람들입니다. 이 땅 위에서 유일한 학자라고 자부하고, 여느 인간들을 지구의 표면에서 꾸물거리고 있는 그림자에 지나지 않는 것으로 여기고 있는 사람들입니다. 그들이 철학적 착란에 빠져 우주 가운데서 수없는 제종(諸種)의 세계를 창조할 때, 또한 흡사 자[尺]나 줄[繩]로 잰 듯이 정확하게 해양과 달과 별과 기타 천체의 크기를 우리들에게 가르칠 때, 벽력과 바람과 일식·월식 등과 그 나머지 설명하기 어려운 현상을 우리들에게 설명해 줄 때 ― 특히 자연이 세계를 만들고 정할 때 비서 노릇이라도 하고 있었던지, 혹은 지금 막 신들의 회의에서 돌아온 것이 아닌가 할 만큼 대단히 자신 있게 이것들에 대하여 말하는 것이나 ― 마다 그들의 즐거움은 무엇이라고 말해야 좋겠습니까? 그런데 이 자연은 실제로는 이러한 철학자들의 적고 야윈 관념을 무한히 초월하고 있는 것입니다. 그리하여 자연은 그들을 업신여기고 그들의 억측을 조소합니다. 그들이 확실한 지식은 하나도 갖지 않았다고 하는 뚜렷한 증거로서 그들 철학자 사이에 의견이 어긋나서 그 상위한 데 대하여 다른 사람들이 전연 이해할 수 없는 논쟁을 합니다. 그들은 절대로 아무것도 모르고 있는 것입니다. 그러면서 그들은 모든 걸 알고 있다고 자랑합니다. 그들은 자기 자신에 관해서도 모릅니다. 때때로 그들은 시력(視力)이 약하고 흔히 있는 정신착란 때문에 발밑에 있는 구멍이나 돌부리를 보는 데 어려움을 겪는 수가 있습니다. 그러나 그들이 말하는 것을 들으면 그들에게는 모든 관념, 일반 개념, 실체의 형식, 원질(原質), 본질, 실재 등 산 고양이라도 찾아낼 수 없을 정도의 작은 것들을 무엇이든 놀라우리만큼 잘 보는 것 같습니다. 특히 삼각형, 원, 방형(方形), 기타 수없는 수학의 도형을 미궁의 형식으로 꾸며 맞추었다가 그것들의 도형에 온갖 모양의 꾸밈이 많은 문자를 전투 서열과 같이 병렬하여 덧붙여서 가장 명백한 것을 캄캄하게 감춰 두고 그것을 듣는 무식한 사람들이 구별할 수 없게 만들 때, 그들은 얼마나 경멸하는 눈으로 범속(凡俗)을 둘러보겠습니까? 그들 가운데는 성좌를 보고 미래를 점치는 일을 자랑삼으며 가장 위대한 마술사라고 약속을 할 수 있는 사람조차 대단히 많이 있습니다. 그들을 신용할 만큼 어리석은 사람들은 행복한 바보라고 하지 않으면 안 될 것입니다.

에라스무스[9]의《우신예찬(愚神禮讚)》

에라스무스는 인문주의자로 불리고 있다. 그리스의 학예를 소개하기도 하고,《성서》의 원전 비평을 시도하기도 하며, 또한 교회 제도를 비판하는 것이 인문주의자인 것이다. 에라스무스는 유럽의 인문주의자로서 왕이 우러러보던 사람이다. 인문주의자는 중세 이래 기독교 신학이라는 쇠사슬에 얽힌 유럽의 학예에 인간적인 정신을 불어넣었던 것이다.

---

9) 에라스무스(Desiderius Erasmus, 1466?-1536), 인문주의 학자. 네덜란드의 로테르담에서 출생. 본명은 Gerhard Gerhards. 처음에는 아우구스티누스파의 수도원에서 고전을 연구하였다. 이후 여러 도시를 편력했다. 이때에 모어, 콜레트 등과 친교를 맺었다. 1509년 다시 영국으로 건너가서 케임브리지 대학에서 교편을 잡는 동시에《우신예찬》을 썼다. 당대 제일의 박식가, 인문주의자라고 불렸다. 루터와 후텐의 종교개혁론에는 차츰 비판적으로 되어《자유의지론》을 저술하여 논박하였다. 그 밖에《기독교 군주 교육론》이 있다.

에라스무스가 행복이란 것이 얼마나 환상인가를 설명하고 있다.

에라스무스는 카톨릭교회에 속하여 있었으나 그것을 비판하여 기독교가 바른 정신으로 돌아가게 하기 위해 노력하였다. 다만 카톨릭교회에 반역하는 일은 좋아하지 않았다. 루터의 종교개혁 운동에 유인되었어도 이에 참가하지는 않았다. 그 때문에 뒤에 광신적인 신교도측으로부터도 비난당하였다. 그러나 이것은 인문주의자의 숙명이라고 할 수 있다.

《우신예찬》에서는 당시의 우신들, 즉 수학자, 시인, 신학자, 또 그 나머지 모든 인물이 풍자의 대상이 되고 있다. 여기에 인용되어 있는 철학자에 대해서도 예리한 비판이 행해지고 있다. 다만 그 비판에 웃음이라는 의상이 입혀져 있지만 풍자의 재능은 지극히 우수하다.

웅변가에 대해서도 이렇게 표현하고 있다. "웅변가라는 것은 하나의 강연 가운데서 제일 훌륭한 부분을 도용한 것임에도 불구하고 마치 3일간 슬슬 쓴 것이라고 말해 보이는 것이다. 이 웅변가에 비하면 내 것은 입에서 나오는 대로 지껄인 것으로 깊이 연구한 것도 아니다." 이것이 《우신예찬》을 서술한 에라스무스의 어조인 것이다.

수의(修衣)나 두건, 외투가 세간에서 치욕과 욕설과 저주를 받는 것은……(중략)…… 틀림없는 사실이야. 요지부동의 이유를 말하면 놈들이 뜬세상의 구린 똥, 곧 죄과를 미끼로 살고 있기 때문인데, 그러니까 똥 먹어라쯤 해두고 놈들의 은신처에 숨어 버린단 말야. 그 은신처란 바로 수도원이나 절간인데, 한 채의 집 속에서도 변소는 안채와 떨어져 있는 것처럼 사회생활과는 멀리 떨어져서 격리되어 있다 그 말이지. 그러나 자네가 어째서 원숭이가 가정에서 언제나 조롱감이 되고 학대받는가를 알고 있다면 늙은이든 젊은이든 수도승들에게 곁을 주지 않는 까닭을 알 수 있을 거야. 원숭이는 개처럼 집을 지킬 줄도 모르고, 소처럼 보습을 끄는 일도 없고, 양처럼 젖이나 털을 쓸 수도 없고, 말처럼 무거운 짐을 지지도 못하거든. 한다는 것이라곤 아무 데나 똥, 오줌을 갈기고 못된 장난질을 칠 뿐. 그러니까 모든 사람의 조롱감이 되고 몽둥이로 두들겨 맞는 거야. 이와 마찬가지로 수도승(우두커니 앉아서 밥이나 얻어 먹는 수도승을 말하는 것이지만)은 백성처럼 땀을 흘리는 일도 없고, 병정처럼 국토를 지키지도 않고, 의사처럼 앓는 사람을 고치지도 못하고, 훌륭한 복음전도사나 교육자처럼 세상 사람에게 주(主)의 가르치심을 설교하는 일도 없고, 장사꾼처럼 국가 사회에 필요한 생활 필수품을 나르지도 않거든. 그러니까 누구든지 조소하고 피하는 거지.

라블레[10]의 《제1의 서 : 가르강튀아》

라블레도 또한 인문주의자다. 카톨릭의 부패와 타락을 비판했다. 그 점에서는 《데카메론》을 쓴 보카치오와 비슷하다. 종교개혁 운동에 참가했기 때문에 일생 동안 박해를 받았다. 그러나 프로테스탄트의 보배였던 칼뱅과는 개와 고양이 사이였다. 신교와 구교 양파로부터 공격을 받은 점에서는 에라스무스와 비슷하다.

《가르강튀아와 팡타그뤼엘》에는 〈테렘의 사원〉이라는 유명한 이야기가 있다. 이것은 카톨릭의 수도원을 비판한 것으로 일종의 유토피아라고 볼 수도 있는 것이다. 당시의 수도원에 까다로운 규칙이 있었는데, '무엇을 해서는 안 된다'는 것으로 일관된 것이었다. '테렘의 사원'에는 '바라는 것은 하라'는 법규가 있을 뿐이었다. 일어나는 것이 좋으리라고 생각될 때 모두 일어난다. 그렇게 하고 싶다고 생각할 때 마

---

10) 라블레 (Francois Rabelais, 1494-1553), 프랑스 문예부흥기의 대표적 작가. 승직에 있으면서 의학을 공부했다. 시의 (侍醫)로서 이탈리아에 간 일도 있다. 종교개혁 초기에는 칼뱅과 함께 복음주의 운동에 참가하여 카톨릭의 부패를 비판했으나 후에는 신교파의 비관용(非寬容)도 비판하였다. 《가르강튀아와 팡타그뤼엘》은 중세의 민간 전설을 소재로 한 것. 당시의 사회, 교육, 종교에 날카로운 비판을 퍼부은 것으로 인문주의자로서 인간의 해방을 바라는 마음이 충만해 있다.

시고 먹고 일하고 잠자는 것이다. 어떠한 일을 하든 남에게 강제받는 일이 없다. 〈테렘의 사원〉은 카톨릭이 지배한 중세에 대한 풍자적인 반역이었던 것이다.

우리는 하느님께서 각자에게 하실 일을 미리 정해 놓으신 영원한 섭리를 구령예정(救靈豫定)이라고 부른다. 생각컨대 하느님께선 사람들을 똑같은 조건 밑에서 창조하신 것이 아니라 어떤 자에게는 영생을, 어떤 자에게는 영겁의 벌을 약정하신 것이다. 이와 같이 하여 그 사람을 창조한 목적에 따라서 그 사람은 이미 죽음 또는 삶의 운명을 타고났다고 하는 것이다.

따라서 성서에 명시된 바에 의해서 주(主)는 어떤 사람을 구제하고 어떤 사람을 멸망에 던져 버릴 것인가를 그 영원히 변하지 않는 섭리 속에 미리 결정해 놓으셨다고 하는 것이다. 주께서는 구함을 받을 사람들은 그 사람의 가치를 초금도 고려함이 없이 무상의 자비로써 받아들이신다. 이와는 반대로 지옥에 떨어질 자들에게는 삶의 길을 남김없이 가로막아 버리시고, 또한 이것은 그 사람이 아무리 올바르고 공평하더라도 은밀하고 헤아릴 수 없는 주님의 결정에 따라서 행하여지는 일이라는 것이다.

그뿐 아니라 우리들은 선택된 자들이 받는 소명은 바로 그들이 선택되었다는 표시요 증거라고 가르친다. 마찬가지로 그들을 의롭다 하는 것도 또 하나의 다른 목표이며, 그들이 영광을 받을 때, 이 영광 속에는 선택도 포함되어 있다고 말한다. 또한 주께서는 선택받은 사람을 부르시고 의롭다 하시는 것처럼 버림받은 사람에게는 주의 말씀을 알고 성령에 의해서 성스럽게 되는 길을 거절하신다. 이러한 표시에 의해서 그들의 장래가 어떠한 것이며 어떠한 결정이 기다리고 있는가를 나타내시는 것이다.

칼뱅[11]의 《기독교 교정(敎程)》

칼뱅은 루터와 마찬가지로 종교개혁 운동가이다. '하느님께 복종하는 것만이 참된 자유'라는 기치를 올렸던 것이다. 교회의 형식화와 세속화에 반대하고 《성서》에 의해서 그리스도를 부활시켜야 한다고 주장하였다. 인간의 구제와 멸망은 신이 미리 예정한 것이며, 인간의 선행은 예정을 변경시키지 못한다고 생각하였다. 이것이 '구령예정설(救靈豫定說)'이다. 전쟁, 혁명, 평화 등도 모두 신의 영원한 계획에 의해서 일어난다고 한다. 신의 섭리는 하늘과 대지, 그리고 모든 피조물을 다스릴 뿐 아니라, 인간의 계획과 의지도 또한 신이 정한 목표로 향하도록 지배한다. 이러한 사상에서 '이중예정설'이 나온다. 인간의 의지와 신의 의지가 엇갈려 있다는 것이다. 직업을 영어에서는 vocation, 독일어에서는 Beruf라고 한다. 모두 신이 부른다는 뜻으로 천직(天職)이라는 의미이다. 이러한 직업관은 근대 시민 사회에 있어서 가장 중요한 역할을 하였다. 칼뱅이 제네바에 세운 신의 왕국

---

11) 칼뱅(Jean Calvin, 1509-64), 프랑스의 신학자, 종교개혁자. 파카르디 주에서 탄생. 파리, 오르레앙, 툴르즈에서 신학을 연구하고 개혁적 교리를 말하였기 때문에 박해를 받아 바젤로 옮겨 갔다. 이때 《기독교 교정》을 집필. 다음에 제네바에 갔는데 한때 추방되기도 하였으나 1541년에 다시 초청을 받았다. 이후 23년간 교회 규칙을 제정하고 신정 정치를 실현하기 위하여 노력하였다. 엄격한 금욕주의자였으며 교의의 실천에 대해서는 적극적 태도를 취하였다. 근로 정신을 존중한 점도 그의 새로운 관점이었다. 칼뱅주의는 유럽 전역에 퍼지고 프로테스탄트 여러교회에 큰 영향을 주었다. 프랑스어 및 라틴어로 막대한 저술을 남겼다.

은 지나치게 엄격하였으며 이단처럼 보이는 일을 조금이라도 하면 범죄로서 고발을 당하였다. 물론 예배 중에 떠들거나 설교 중에 웃는 일이 있어서도 안됐다. 26세의 남자와 결혼하려던 70세의 여자가 벌을 받은 일도 있었다.

만일 세상 사람들이 말하는 것처럼 '철학한다는 것은 의심한다는 것'이라면 나처럼 보잘것없는 일을 따지고 든다든지, 심심풀이 삼아 생각에 잠긴다든지 하는 것은 더욱 의심하는 것이라고 해도 좋다. 참말로 따진다든가 논의하는 것은 학생이 하는 일이며, 해결은 선생의 역할인 것이다. 나의 선생은 단호한 신의(神意)다. 그것은 유무를 불문하고 우리를 지배하고 인간들의 하염없는 논쟁 위에 계시는 것이다.

책은 선택할 줄 아는 사람들에게는 여러 가지 유쾌한 특질을 보여준다. 그렇지만 어느 책에든 악이 있다. 그것은 다른 쾌락과 마찬가지로 불순한 쾌락이다. 거기에는 불순에서 오는 불쾌, 견디기 어려운 불쾌가 있다. 영혼은 거기서 단련되겠지만 육체는 그동안 활동을 멈추고 이윽고 시들어 버린다. 나는 이것처럼 유해하며, 또 나 같은 노인이 피하지 않으면 안 될 것, 과로해지는 것을 알지 못한다.

몽테뉴[12]의 《수상록》

---

12) 몽테뉴(Michel Eyquem de Montaigne, 1533-92), 사상가. 보르도 근교 몽테뉴 촌의 귀족 출신. 21세 때부터 15년간 보르도의 고등법원에서 근무하다가 몽테뉴 촌에 은퇴하여 독서, 사색, 집필에 전념하였다. 1580년 《수상록》을 출판. 이 책은 모럴리스트의 처세철학을 말한 것이라고도 할 수 있는 것이다. 그 사상은 회의주의에 근거를 두고 있지만 생활이념은 행복주의다. 1581년 보르도 시장이 되었다.

몽테뉴는 회의하는 사람이라고 흔히 말한다. "내가 무엇을 안단 말인가(Que sçais-je)?"라는 구절을 저울에 좌우명으로 새겨 놓았다고 한다. '크세쥬 문고'가 출간되고 있거니와 이 구(句)에서 따온 이름이다.

의심한다는 것을 중요하게 생각한 것은, 의심한다는 것은 생각한다는 것과 마찬가지로 정신의 작용이기 때문이다. 그러나 의문에서 출발한 철학을 끝까지 존중했던 것은 아니다. "자연에 가장 단순하게 몸을 맡긴다는 것은 자연에 가장 현명하게 몸을 맡기는 것이다. 뛰어난 머리를 쉬는 데 있어서 무지와 무관심만큼 기분 좋고 부드러우며 건강한 베개가 또 있을 것인가?"라는 말도 했다. 이것은 회의주의자 몽테뉴의 모습을 가장 잘 나타내는 말이다. 의심하는 것에서 출발한 데카르트와는 본질적으로 다르다.

파스칼은 몽테뉴에 대해서 그의 회의는 의심하는 회의요, 그의 무지는 무지를 모르는 무지라고 비난하였다. 다시 말하면 "나는 의심한다"고 할 때, 의심한다는 것 자체는 의심할 수 없지 않는가라는 반론이 성립되거늘, 의심한다는 것 자체도 의심하였다는 것이다. "나는 무지하다"는 말에 대해서도 똑같은 말을 할 수 있다. 책에 대한 생각도 독서의 효과를 말하는 데 그치지 않고 그것을 넘어서서 깊은 통찰을 보여준다.

전쟁이란 짐승들이나 하는 것이라고 해서 — 그러나 사실 어떤 종류의 짐승이라도 인간만큼 전쟁을 하지는 않지만 — 유토피아 사람들은 아주 싫어한다. 또한 다른 국민들과는 반대로 전쟁에서 얻은 명예는 가장 반명예적인 것이라고 생각한다. 그들은 남자뿐만 아니라 여자도 날짜를 정해 놓고 언제나 전쟁 연습을 해서 만일의 경우가 닥쳤을 때 무기의 사용법을 모르는 일이 없도록 하고 있다. 그렇기는 하지만 그들이 출전하는 것은 자기 나라의 방위를 위해서든가, 우방을 침략해 온 적을 물리치기 위해서든가, 압박을 받고 있는 국민과 힘을 합쳐 압제에서 해방시키든가 하는 경우에만 국한되어 있다. 연민의 정에서 그들은 이러한 일을 하는 것이다. 그러나 그들이 우방을 도와주는 것은 반드시 그 나라를 방위하는 경우만은 아니다. 때로는 그 나라가 전에 받은 피해를 복수하는 것을 도와주기도 하는 것이다. 그러나 이 경우에는 그 피해가 아직도 생생하게 남아 있을 때 그 사건에 대한 충고를 요청해야만 하는 것이다. 그리고 만일 그 이유가 정당한 것을 알고, 또 그 상대국이 정당한 이유 밑에서 요구하고 있는 것을 아직도 돌려주지 않고 있다면, 그때에 그들은 전쟁의 발기인이 된다. 유토피아 사람들이 이렇게 하는 것은 군대의 침략으로 인해서 포획물이나 약탈물이 사면팔방으로 흩어져 버리는 경우만은 아니다. 우방의 상인들이 어떤 거래국에서 부정한 법률이나 또는 바른 법률의 곡해 때문에 정의를 위한다는 구실 밑에서 부당하게 고발되었을 때에는 더 무섭고 사나운 모습으로 달려가는 것이다.

토머스 모어[13]의 《유토피아》

---

13) 모어 (Sir Thomas More, 1478-1535), 영국의 정치가, 인문학자. 옥스포드에서 에라스무스에게 사숙(私淑). 헨리 8세에 의해 등용되어 대법관으로서 정치·외교 분야에서 활약하였으나 왕의 이혼 문제에 반대하여 대역죄로 참수를 당했다. 사후 10년이 지나서 로마 교회는 그를 성도(聖徒)로 추존. 그의 작품 《유토피아》는 르네상스의 대표적 작품으로 유명하다. 이밖에 《에드워드 5세전》, 《리처드 3세전》 등이 있다.

《유토피아》는 이상향을 그린 이야기로서 대표적인 것이다. 이 작품이 출판된 다음부터는 이상향에 대한 이야기는 모두 유토피아 이야기라 부르게 되었다.

유토피아는 브라질 주변의 대륙에 가까운 섬이다. 지리적으로 먼 곳에서 유토피아를 구하는 것이 유토피아 이야기의 전통이 되었다. 유토피아의 인구는 약 2천 7백만 명으로 당시의 영국 인구가 2백 5십만이었다는 것을 생각하면 굉장히 규모가 크다. 도시에서는 시장을 선거하고 수도에는 국회도 있지만 국왕 따위는 존재하지 않는다. 산업이 수공업인 것은 물론이지만, 시민은 모두 공업과 농업을 겸하게 되어 있고, 의복은 모두 집에서 만들어 입기 때문에 양복점도 없다. 하루 여섯 시간만 노동을 한다. 부인도 노동에 종사하고 전쟁에도 나간다. 공무원으로 선출된 지식 계급만이 노동을 면제받는다. 이 나라에는 통용되는 화폐가 없다. 황금은 변기, 노예의 사슬, 전과자의 귀걸이 등으로 사용되고 보석은 장난감이다. 모어의 사상은 기독교적 인류애이다. 이러한 사상에 입각하였기 때문에 국민은 모두 노동자로 만들고, 산업은 국민 공유로 만든 것이다. 일종의 공산주의다. 모어는 이러한 이상향을 실현시킬 수는 없으며 다만 동경할 뿐이라고 말하였다. 그러나 16세기 초엽의 영국을 통렬히 비판한 것임은 부정할 수 없다.

프로스페로 : 자, 여흥은 끝났다. 아까도 말한 것처럼 저 배우들은 하나도 빠짐없이 모두 정령(精靈)이었다.

그러므로

모두 저 공기, 보이지 않는 공기 속으로 사라져 버린 것이다.

마치 이 환상 속에 우뚝 솟은, 주춧돌 없는 건물처럼

저 구름을 인 탑도, 저 호화찬란한 궁전도,

장엄한 신전도, 이 지구 자체까지도,

아니, 이 지상에 존재하는 모든 것이 방금 사라져 버린

저 환상처럼 이윽고는 남김없이 녹아 버리고

끝내는 그림자도 남기지 않는다. 우리들 인간이라는 것은

꿈을 엮는, 그 재료로 만들어진 것이다. 그리고 인간의

짧은 일생은 이윽고 잠으로 끝맺어지는 것이다.

셰익스피어[14]의 〈템페스트〉

〈템페스트〉는 셰익스피어의 마지막 작품으로 1611년경의 작품이라고 생각된다. 셰익스피어는 17세기 초엽의 약 8년 동안에 〈햄릿〉, 〈오델로〉, 〈맥베스〉, 〈리어 왕〉, 곧 4대 비극을 썼다. 이러한 비극을 쓴 그의 마음속에서는 무엇인가 어두운 폭풍우와 같은 것이 소용돌이치고 있었다고 상상된다. 이 폭풍우가 잠잠해지고 체념의 경지에 이르렀을 때, 작품의 기조는 밝고 투명한 것으로 변화하였다. 〈템페스트〉의 주제

---

14) 셰익스피어(William Shakespeare, 1564-1616), 영국 엘리자베드 시대의 세계적 극작가, 시인. 자세한 전기는 알려져 있지 않다. 잉글랜드 중부 스트래트포드에서 출생. 런던에 나와서 배우 겸 극장 전속 작가로 지내면서 명작을 써 이름을 떨쳤다. 엘리자베스 여왕, 제임스 1세에게 후대(厚待)되었고 희곡 36편, 시 7편을 남겼다. 깊은 인간 심리에의 통찰을 바탕으로 최고의 시극미를 창조하였다. 〈한여름 밤의 꿈〉, 〈로미오와 줄리엣〉, 〈마음대로〉, 〈줄리어스 시저〉를 거쳐 〈햄릿〉, 〈오델로〉, 〈맥베스〉, 〈리어 왕〉 등 4대 비극을 쓰고, 또한 〈심벨린〉, 〈템페스트〉 등을 썼다.

셰익스피어의 초상

는 화해다.

프로스페로와 그의 딸 미란다는 마법의 섬에 살고 있다. 한척의 배가 폭풍우로 난파된다. 그것은 프로스페로를 밀라노에서 추방한 동생 안토니오 일행이 타고 있는 배였다. 형제는 화해한다. 일행 중의 페르디난드는 미란다와 결혼한다. 이 폭풍우는 프로스페로가 마술을 써서 일으킨 것이었다. 이윽고 모두 밀라노로 돌아간다. 여기에 인용한 것은 딸의 결혼을 축하하는 요정의 가면극이 끝난 다음 프로스페로가 한 말이다. 일생은 꿈과 같은 것이라는 기분을 말했다고도 볼 수 있다. 인생을 무대에 비유하고, 인간을 배우로 비유한 예는 〈맥베스〉 속의 맥베스의 말에도 있다. "내일이 오고 내일이 가고, 그리하여 하루하루 조금씩 때의 기슭을 스쳐 지나가 이 세상의 끝이 올 때까지, 언제나 어제라는 세월이 어리석은 자가 먼지에 싸여서 죽는 길을 비추어 온 것이다. 꺼져라, 꺼져라, 덧없는 등불이여. 인생이란 움직이는 그늘에 지나지 않는다. 애달픈 배우다. 자신이 등장하였을 때만 무대 위에서 뻐기고 외치다가 끝내는 사라져 버리리라. 백치의 웅얼거림과도 같아서 재잘재잘 처참할 만큼 떠들어 대지만 아무것도 남기지 못한다." 이 대사도 인생에 대하여 허무한 기분을 나타낸 것이다.

그러나 프로스페로의 말은 더욱더 허무한 것이다. 그런데 이상하게도 어두운 그늘이 없다. 또한 이 술회는 극장 전속 작가로서의 셰익스피어의 감회를 표현한 것이라고 볼 수도 있다. 스스로 최선을 다해 왔기 때문에, 가령 모든 것이 죽음으로 끝난다 할지라도 그다지 어두운 느낌을 받지 않는다는 것은 당연할는지도 모른다.

　　바로 그때 그들은 3, 40개의 풍차가 보이는 들판에 이르렀다. 돈
키호테는 풍차를 보자 곧 시종에게 말했다. "우리가 스스로 우리의
원을 풀기에 앞서 행운의 신이 우리를 위해서 만사를 순조롭게 꾸며
놓았단 말이다. 저걸 봐라. 산초 판사. 저기에 3,40명이나 되는 괴상
한 거인이 나타났어. 나는 저 거인 전부와 겨루어 정복할 작정이다.
또한 노획품으로 우리 몸차림을 갖추기로 하자. 왜냐하면 이것은 정
의의 싸움이기 때문이야. 저런 악귀들을 이 지구상에서 몰아내는 것
은 하느님에 대한 참된 봉사다."

　　"어떤 거인 말씀입니까?" 산초 판사가 말했다.

　　"저기에 보이는 저것 말이다"라고 주인은 대답했다.

　　"팔이 굉장히 긴 놈들이다. 어떤 놈은 그 길이가 2리그(1리그는
약 3마일)가 넘는걸."

　　"잘 보세요, 주인님" 하고 산초는 말했다. "저기에 보이는 것은
거인이 아닙니다. 풍차예요. 그리고 팔처럼 보이는 것은 풍차의 날
개고, 그것이 바람에 돌기 때문에 맷돌이 움직이는 겁니다."

　　"그래, 알았어, 알았어"라고 돈키호테는 대답했다. "이런 모험에
는 익숙하지 못하군 그래. 저것은 거인이야. 네놈은 무섭거든 도망
쳐도 좋아. 내가 저놈들과 힘에 겨운 싸움을 하고 있는 동안 기도나
정성껏 올리고 있거라."

　　이렇게 말하면서 그는 군마 로시난테에게 박차를 가하였다. 그가
공격하려는 것은 분명히 풍차이지 거인은 아니라고 뒤에서 소리치
는 산초의 목소리도 들리지 않는 듯했다. 그러나 그는 거인이라고
굳게 믿고 있었기 때문에 산초의 부르짖음도 들리지 않았고, 가까이

가서도 그것이 무엇인지를 자세히 알아보려고도 하지 않은 채 풍차를 향하여 큰소리로 외쳤다. "도망치지 마라, 겁쟁이, 비겁한 놈아! 네놈들을 상대로 하는 것은 오직 일기(一騎)의 기사뿐이다."

이때 바람이 조금 불어왔다. 커다란 날개가 움직이기 시작하였다. 이것을 본 돈키호테는 또 한 번 큰소리로 외쳤다.

"네놈들이 거인 브리아류스보다도 더 많은 팔을 흔든다 하더라도, 나와의 결전을 피할 수는 없다."

세르반테스[15]의《돈 키호테》

이것은 만화나 영화에도 나오는 유명한 장면이다. 돈 키호테는 지나치게 기사 이야기를 탐독했기 때문에 반쯤 미쳐 버렸던 것이다. 과거와 현재의 꿈에 잠겨서 현실을 무시하는 것이다. 이 돈 키호테의 시종인 산초 판사는 광적인 이상가를 비웃으면서 자기 나름대로 이용하려고 든다. 그러나 반대로 이 이상가에 질질 끌려 다니며 혹사를 당한다. 이 두 사람은 서로 자신의 신념만을 생각하고 상대편의 꿈을 깨우치려고 하는데, 여기에서 희극이 생긴다. 돈 키호테는 빼빼 말랐지만 산초 판사는 굉장한 뚱뚱보이다. 이 두 사람의 성격은 스페인인의 성격 속에 깊이 뿌리박혀 있는 것이며, 동시에

---

15) 세르반테스(Cervantes Saavedra, Miguel de, 1547-1616), 스페인의 소설가, 정규의 교육을 거의 받지 못했고 군대에 종군도 하고 해적의 노예도 되고 투옥도 당하면서 가난한 생활을 보냈다. 근대 문학의 걸작의 하나인 《돈 키호테》는 이러한 생활 체험을 바탕으로 씌어진 것이다. 주인공 돈 키호테가 기사 이야기에 열중한 나머지 현실 착오를 일으키는 모습을 통해서 그의 시대를 통렬히 풍자한다. 생전에는 이름이 알려지지 못했으나 사후에 세계적인 인정을 받았다.

THE FIRST BOOKE OF THE DELIGHTFULL HISTORIE OF THE MOST INGENIOUS KNIGHT DON·QUIXOTE

CHAP. I. ([WHEREIN IS REHEARSED THE CALLING, AND EXERCISES OF THE RENOWMED GENTLEMAN DON·QUIXOTE, OF THE MANCHA.

LIVED not long since in a certaine vilage of the Mancha, the name wherof I purposely omit, a Yeoman of their calling that use to pile up in their hals old Launces, Halbards, Morrions, and such other armours and weapons. He was besides master of an ancient Target, a leane Stallion, and a swift Grey-hound. His pot consisted daily of somewhat more Beefe then Mutton, a little minced meate every night, griefes & complaints the Saturdayes, Lentils on Fridayes, and now & then a Pigeon of respect on Sundayes did consume three parts of his rents: the rest & remnant thereof was spent on a Jerkin of fine Puke, a paire of velvet hose, with pantofles of the same for the holly-dayes, and one apparell of the finest vesture; for therewithall he honored and set out his person on the worke dayes. Hee had in his house a woman-servant, of about some forty yeares old, and a niese not yet twenty, and a man that served him both in fielde and at home, and could saddle his horse, and likewise manage a pruning booke. The Master himselfe was about fifty yeares olde, of a strong complexion, drie flesh, and a withered face: he was an early riser, and a great friend of hunting. Some affirme that his surname was Quixada or Quesada (for in this there is some variance among the authours that write his life) although it may be gathered by very probable conjectures, that he was called Quixana. Yet all this concernes our historicall rela-

tion but little; let it then suffice, that in the narration thereof we will not vary a jot from the truth. ([You shall therefore wit, that this Yeoman above named the spirts that he was idle, which was the longer part of the yeare, did apply himselfe wholly to the reading of bookes of Knight-hood, & that with such gusts & delights, as he almost wholly neglected the exercise of hunting, yea and the very administration of his housbold affaires: and his curiosity & folly came to that passe, that he made away many acres of arable land to buy him bookes of that kind; and therefore he brought to his house as many as ever he could get of that subject: & among them all, none pleased him better then those which famous Felician of Silva composed. For the smoothnesse of his prose, with now & then some intricate sentence medled, seemed to him peerlesse; and principally when he did reade the love dalliances, or letters of challenge, that Knights sent to Ladies, or one to another; where, in many places he found written the reason of the unreasonablenesse, which against my reason is wrought, doth so weaken my reason, as with all reason I doe justly complaine on your beauty. And also when he read The high Heavens, which with your divinity doe fortifie you divinely with the starres, and make you deserveresse of the deserts that your greatnesse deserves, etc. With these and other such passages the poore Gentleman grew distracted, and was breaking his braines day and night to understand and unbowell their sense. An endlesse labor, for even Aristotle himselfe would not understand them, though he were againe resuscitated onely for that purpose. He did not like so much the unproportionate blowes that Don Belianis gave and tooke in fight; for, as he imagined, were the Surgeons never so cunning that cured them, yet was it impossible but that the patient his face and all his body must remaine full of scars, and tokens: yet did he praise notwithstanding in the authour of that History, the conclusion of his booke, with the promise of the endlesse adventure, and many times he himselfe had a desire to take pen and finish it

b1

《돈 키호테》의 첫장의 모습으로 스비아코체를 사용했다.

인류 전체와 통하는 보편성도 있다.

투르게네프는 인간의 성격을 돈 키호테형과 햄릿형으로 나눈다. 햄릿을 사랑할 수는 없지만, 돈 키호테에게는 애정을 품을 수 있다고 말한다. 햄릿형이란 셰익스피어의 〈햄릿〉의 주인공의 성격을 말하는 것이며, 실천은 하지 않고 회의에만 잠기는 인간을 말한다. 돈 키호테는 말할 것도 없이 실천적 인물이다. 그리고 이상가이다. 돈 키호테를 비웃는 사람이라 해서 반드시 햄릿형은 아니다. 이상도 없는 보잘것없는 어리석은 실행가에 지나지 않는 것이다.

수도원 서약은 가장 중요한 조항과 직접적으로 모순되기 때문에 버려야만 한다. 왜냐하면 그리스도가 자신에 대하여 마태복음 24장에서 "나는 그리스도이다"라고 말씀하셨기 때문에. 생각컨대 수도원 생활을 찬미하는 자는 일반적인 크리스찬보다 더 좋은 생활을 하게 될 것을 믿고 자신의 행동으로 자기 자신만이 아니라 다른 사람도 도와서 하늘에 이르게 하려는 것이다. 이것은 그리스도를 거부하는 것이 아닐 수 없다. 그들은 성 토마스가 말한 "수도원 서약은 세례와 똑같은 것이다"라는 말을 자랑스럽게 인용한다. 그러나 이것은 하느님에 대한 모독이 아닐까?

루터[16]의 《신앙요의》, 〈수도원 서약에 대해서〉

수도원은 중세에 발달한 것이다. 오늘날에도 카톨릭에는 수도원이 있다. 루터의 시대에는 수도원은 초기의 목적을 잃고 풍기가 문란해지고 농민의 경제적 부담도 커졌다. 루터는 기독교와 수도원은 아무런 관계도 없다고 주장하고 카톨릭을 비판했다.

또한 가장 중요한 조항이라고 하는 것은 "우리들의 신이며 주이신 예수 그리스도는 우리의 죄 때문에 죽으셨고 우리를 의롭게 하기 위하여 부활하셨다"라는 말을 믿는 것을 말한다. 《신앙요의》의 제일 처음에 이 말을 쓰고 있다.

"나는 그리스도이며"의 전후를 《성서》에서 인용하면 다음과 같다. "그리고 올리브산에 올라가 앉으셨을 때 제자들이 몰래 찾아와서 말했다. '제발 말씀해 주세요. 언제 그런 일이 일어나겠습니까? 주님이 오실 때와 세상이 끝날 때에 어떠한 징조가 나타나겠습니까?' 라고. 예수께서는 '사람들의 유혹에 빠지지 않도록 조심하라. 많은 자가 내 이름을 내걸고 나타날 것이며 자기가 그리스도라고 하여 많은 사람을 유혹할 것이다' 라고 대답하셨다." 루터는 이 말을 근거로 카톨릭의 수도원을 배척한 것이다.

---

16) 루터 (Martin Luther, 1483-1546), 독일의 종교개혁자. 에르푸르트의 아우구스티누스회의 수도사·사제를 거쳐 비텐베르크 대학 교수에 취임. 1517년 95개 조문을 발표하여 교회와 대립하고, 1520년 교황 레오 10세에 의해 파문당했으며 다음해 보름스 국회에서 이교 선언을 받았다. 복음주의를 주장하고 제후의 지지를 받아서 《신약성서》의 독일어역을 완성하여 신교주의를 확립. 그러나 농민전쟁에 대해서 반대 입장을 취하였다. 탁월한 시재(詩才)도 겸해서 많은 찬송가를 썼다. 〈기독교도의 자유〉, 〈독일 귀족에게 고한다〉, 〈교회의 바빌론 포로에 대하여〉 등 세 논문은 사상적으로 중요한 것은 물론 문장어(文章語)의 형성에도 기여하였다.

제5장 17세기의 사상

개관

17세기의 문화는 르네상스의 반동이라고 할 만한 성격이 강하다. 자유분방을 지향한 르네상스 시대에 대해서 이 시대는 내성(內省)으로 향하게 되었고 이성이 중요시되었다.

17세기라고 하면 정치적으로는 각국이 모두 절대주의 시대에 속하고 있는 시기이다.

각국의 동태

영국은 엘리자베스 조(朝)에 절대주의의 기구를 갖추었고 대외적으로도 세력을 넓혔다. 이 무렵에 프랑스에서는 종교 전쟁의 결과 왕권이 약화되고 귀족의 발언권이 강해지고 있었다. 그러나 대승정(大僧正) 리슐리외(1585-1642)가 루이 13세(1601-43)의 정치를 돕게 된 그때부터 점차로 절대제가 확립되어 갔다. 이어서 1661년 루이 14세(1638-1715)가 친정하게 됨에 이르러 중앙집권제가 완성되었다. 이렇게 하여 전형적인 절대주의 체제가 실시된 것이다. 이것은 왕권 신수설에 의해서 그 이론을 세웠다.

베르사이유 궁에는 왕을 중심으로 하여 화려한 궁정 사회가 이룩되었으며, 왕의 뜻에 맞는 수많은 귀족과 예술가가 출입하였다. 또한 프랑스의 국제적 권위가 높아졌기 때문에 각국의 상류 계급에서는 프랑스어를 사교어로 사용하게 되었다.

엘리자베스 여왕(1533-1603)의 사후 영국의 절대제는 흔들리기 시작하여 청교도 혁명이 일어났는데, 이것은 먼저 왕당파와 의회파 사이에서 일어났다. 그러나 카톨릭교도와 국교도는 왕당파에, 청교도는 의회파에 가담하는 종교상의 대립도 끼어 있었다. 의회파는 드디어 온건한 장로파와 급진적인 독립파로 분열되었고, 크롬웰(1599-1658)이 지도한 독립파가 승리하여 1649년 국왕 찰즈 1세(1600-49)가 처형되었다. 그 후 얼마 동안 공화제가 실시되었으나 크롬웰의 독재에 반대하는 사람들 사이에서 항쟁이 일어났다. 한편 왕당파도 세력을 만회하기 시작하였고 크롬웰의 사후 얼마 가지 않아서 정권은 다시 국왕에게 옮겨졌다. 그러나 명예혁명을 거쳐 점차 의회 정치의 방향으로 향하게 되었으며 프로테스탄트가 인정되어 갔다.

독일 지방에서는 오스트리아와 프러시아가 신성 로마 제국으로부터 독립을 꾀하고 있었다. 즉 오스트리아는 신성 로마제국의 합스부르크가(家) 밑에 절대군주제를 세웠으며, 한편 프러시아는 호엔촐레른가(家)의 프리드리히 빌헬름 1세(1688-1740)가 나와서 사실상 독립국이 되었다.

러시아에서도 15세기 중엽부터 민족국가가 형성되기 시작하였다. 여기에서는 서구라파 제국과는 달리 심한 농노제가 실시되고 있었으며, 이것을 토대로 하여 로마노프 왕조가 번영하였다. 17세기 말 표트르 대제(1672-1725)의 친정 시대에는 제권(帝權)이 강화되었다.

고전주의의 발흥

이상과 같은 정치 체제 밑에서 고전주의가 발흥하였다. 먼저 각국에 아카데미가 설립되어 고전주의 연구가 시도되었는데, 맨 먼저 창립된 곳은 독일의 바이마르였으며, 이것은 1617년에 시작된 것으로서 피렌체의 아카데미를 모방하였다고 한다. 협회원으로 제후, 귀족, 학자들을 모았고 종교상의 제약이 없었다. 그리고 국어의 정선(精選)이 계획되어 신흥 독일 문학의 기초가 굳어져 갔다.

프랑스의 아카데미는 아카데미 중에서도 가장 유명한 것이다. 이것은 1635년 리슐리외의 힘으로 설립되었다. 목적은 바이마르와 같아서 국어의 개량과 표준어의 확립이 주장되었다. 그리고 정부는 아카데미의 사업과 회원의 저작에 대하여 조금도 간섭치 않겠다고 언명하였다. 그 밖에 문학, 과학, 음악, 회화, 건축 등 특수한 아카데미도 만들었다. 여기서 프랑스 문학의 발전은 아카데미와 끊을 수 없는 관계를 맺고 있다. 왕실도 예술가를 원조하는 데 힘을 다하였다.

영국에서도 왕립 학사원이 탄생하였으나, 이것은 문학면보다도 과학의 진보에 중점을 두고 있었다. 네덜란드와 스톡홀름에서도 아카데미와 같은 협회가 설립되었다. 이탈리아에서는 17세기 말에 '아르카디아'가 이루어졌다. 아르카디아라 함은 목가시(牧歌詩)라는 뜻으로서 목가조를 주로 한 시풍을 낳았으며 후일의 시단을 크게 지배하였다. 아르카디아의 지부는 비단 국내뿐만 아니라 스페인, 포르투갈, 브라질에도 두어졌다. 이 무렵에 베를린의 아카데미도 설립되었다.

이와 같이 국어를 명석하고 간결하게 하려는 운동이 일어난 것은 귀족 사회로부터 부르주아 사회로 넘어가는 사회적 변동 때문이었다고 할 것이다. 그러나 여기에 수반된 과학의 발달이 그 큰 원인이 되었다고도 말할 수 있을 것이다. 즉 파리의 과학협회를 비롯하여 로마, 영국에도 과학 아카데미가 생겨 과학자들은 그들의 합리적인 정신을 언어면에 적용하였다. 그리고 프랑스에 있어서 '살롱'의 존재가 국어 미화에 큰 역할을 한 것도 사실이다. '살롱'에 모이는 사람들은 일상의 회화에서도 품위 있는 언어와 정확한 어법을 사용하기에 주력했다.

자연과학과 과학정신은 이 시대에 특히 눈부신 발전을 보였다. 르네상스 시대에는 자연과학의 영역에서도, 철학의 분야에서도 신학의 속박을 벗어난 실증주의가 중요시되었으며, 또한 그리스의 형이상학의 영향을 받은 점도 적지 않았다. 그러나 17세기에 이르러 자연과학적, 수학적인 엄밀한 방법이 행하여지게 되었던 것이다.

먼저 의학의 영역에서 영국의 하비(1578-1657)의 '혈액 순환의 원리'의 발견을 들 수 있다. 그리고 영국의 길버트(1540-1603)는 전기 현상과 자기 현상을 연구하였다. 네덜란드에서는 현미경을 제작하여 자연과학의 연구에 중요한 공헌을 하였다. 또한 기압(氣壓)의 실험도 하였으며, 영국인 로버트 보일(1627-91)이 '보일의 법칙'을 발표하였다. 보일은 또한 처음으로 원소(元素)라는 개념을 제창하였다. 그리고 1675년에는 그리니치 천문대가 창설되었다.

한편 역학의 발전도 이 시대·의 특징이라고 할 것이다. 네덜란드 사람 호이겐스(1629-95)는 진자의 원리를 기초로 하여 진자시계를 만들었다. 그러나 무엇보다도 17세기의 자연과학에 있어서 특필할 것은 뉴턴(1643-1727)의 위대한 업적이다. 뉴턴은 '만유인력(萬有引力)의 법칙', '미적분학의 원리', '빛의 입자설' 등 놀라운 발견을 하였다. 이 중 '만유인력의 법칙'은 1685년에 이르러 수학적으로 증명될 수 있었다. 그는 자연 현상을 수학적 법칙으로 설명하고자 하였다. 우주는 신의 의지에 따르는 것이 아니라 그 자신 스스로 존재한다고 증명하였던 것이다. 그가 역학적 자연관을 확립한 공적은 비할 데 없이 크다.

스콜라 철학으로부터의 독립

근대 철학의 출발도 자연과학의 방법에 의하여 나타났다. 그것은 스콜라 철학으로부터 완전히 독립하려는 움직임이었다.

최초에는 데카르트(1596-1650)가 나타났다. 그는 프랑스인이었으나 반생을 네덜란드에서 지냈다. 그리고 스웨덴에도 가 있었다. 데카르트의 철학은 회의에서부터 출발하였다. 그는 전통적인 철학과 그 인식 방법 전부를 의심한 끝에 "나는 생각한다. 그러므로 나는 존재한다(cogito, ergo sum)"라는 명제에 도달하였다. 그리고 처음으로 이성을 신뢰하게 되었던 것이다. 데카르트는 자연과학의 인식에 뛰어났기 때문에 수학적 논리를 가지고 이성론을 수립하였다. 그 학설은 물심이원론(物心二元論)으로 완성되었다. 프랑스의 철학자였던 파스칼(1623-62)은 수학에 뛰어났으나 신의 존재를 강력히 주장했다. 그의 주저 《팡세》는 무신론자로부터 기독교를 변호하고자 한 것이다.

영국에서는 베이컨(1561-1626)으로부터 홉즈(1588-1679)에 이르기까지 경험론이 중심이 되었다. 베이컨은 엘리자베스 조에 활약한 인물이며, 경험론을 창시함과 동시에 과학과 철학을 전문가의 손에서 대중적인 것으로 해방시킨 계통적인 역할을 하였다. 홉즈는 베이컨의 후계자다. 특히 유물론의 입장을 취한 점이 주목되나 철학도 또한 물체의 운동으로서 인식해야 된다고 하였다. 방법으로서는 귀납법뿐만 아니라 연역법도 쓰고 있다.

네덜란드에는 스피노자(1632-77)가 있었다. 스피노자는 유태인으로 유태 신학을 배웠으나 철학 체계의 확립으로 파문을 당하였다. 데카르트의 이원론을 배격하고 신은 곧 자연이라는 범신론적 일원론을 주창하였다. 그리고 독일의 철학자 라이프니츠(1646-1716)도 자연과학의 인식에 기초를 두고 사고체계를 수립하였다. 그러나 기계적 자연관을 벗어나서 근대과학 사상과 기독교를 융합시키고자 한 것이 그의 특색이다. 스피노자가 신을 유일의 실재로 생각한 데 대하여 라이프니츠는 실체의 수는 무한하다고 생각하였으며 그 실체를 '모나드〔單子〕'라고 이름 붙였다.

한편 이 시대에는 절대주의를 이론화한 정치학설이 주창되었다. 그것을 검토해 본다면 경험론의 홉즈는 왕당 지지자로서 그의 정치관은 사회계약설에 의한 것이었다. 즉 인간사회는 '만인의 만인에 대한 투쟁' 위에 성립되었기 때문에 이것을 모면하기 위하여 인간은 자연권을 한 사람의 지배자한테 맡기는 계약을 해야 한다는 설이다. 홉즈는 이것을 《리바이어던》 속에 기술하였다. 이것에 대하여 필머 (1589-1653)는 가장적(家長的)인 왕권 신성설을 주장하였다. 이 설에 의하면 왕권이 절대적인 것이 된다. 밀턴(1608-74)은 이에 대하여 혁명의 권리를 주장하였다.

프랑스에서는 16세기부터 군주권을 옹호하는 이론이 있었으나 루이 왕조가 되자 루이 14세의 왕권 신수설이 등장하였다. 그리고 보쉬에(1627-1704)는 이것을 일층 발전시켜 군주의 세습제를 인정하였다.

나아가서는 국제법 이론까지 확립되었다. 창시자는 네덜란드의 그로티우스(1583-1645)였다. 네덜란드는 국제 교역이 번영하였기 때문에 외교 문제를 중시하였다고 할 수 있다. 그로티우스의 《전쟁과 평화의 법》은 국제법학의 기초가되었다.

국민 문학의 흥륭

이 시대의 문학의 분야에서는 국민 문학의 흥륭이 활발했다. 그 중에서도 프랑스의 고전극은 이 시대의 고전 정신의 결정을 이룬 것 같았다. 당시 프랑스에는 희극과 비극의 구별이 엄격히 지켜졌다. 그리고 봘로-데프레오(1636-1711)가

《시학(詩學)》에서 말한 것과 같이 희곡은 단 하나의 장소, 단 하나의 줄거리, 단 하루 동안의 사건에 한한다는 원칙 위에 세워져 있었다. 그것은 그리스의 고전극을 모범으로 했기 때문이었다. 셰익스피어와 같은 복잡한 구성은 저속하다고 하였다. 비극작가의 대표로는 코르네유(1606-84), 라신(1639-99) 두 사람이 있었다. 희극에서는 몰리에르(1622-73)가 수많은 걸작을 발표하였다. 희곡작가들은 루이 14세의 보호를 받아 충분한 재능을 발휘하였다. 파스칼을 비롯하여 라 로슈푸코(1613-80), 라 브뤼예르(1645-96) 등 모럴리스트라고 불리는 사람들도 이 시대의 특색을 보여주고 있다. 그들은 인간의 내면에 빛을 비추어 주려고 하였다. 그리고 라 브뤼예르와 우화 작가인 라 퐁텐(1621-95)에게 있어서는 민주주의의 경향이 농후하였다.

특히 프랑스 문단에서는 고전 옹호파와 현대 옹호파 사이에서 고금논쟁(古今論爭)이라고 하는 논전이 벌어졌다. 전자에는 발로-데프레오, 후자에는 샤를르 페로(1628-1703)라는 논객이 있었다.

영국에서는 청교도 혁명을 지지하는 문학자가 나타났다. 《실락원》의 저자 밀턴은 가장 전형적인 청교도 시인이었다. 같은 시대의 버니언(1628-88)도 뛰어난 종교 문학인 《천로역정》을 썼다. 풍자 시인이며 《극시론》의 저자, 그리고 '영국 비평의 아버지'라고 불리고 있는 드라이든(1631-1700)도 잊을 수 없다. 그는 처음에는 청교도였으나 왕당파로 넘어갔고 다시 카톨릭으로 전향하였다. 신앙가로서는 존경을 받지 못했으나 최초의 계관시인이 되어 명성을 떨쳤다.

독일은 30년 전쟁에 의한 황폐 속에서 문학은 침체되어 있었다. 겨우 그리멜스하우젠(1621-76)을 들 수 있다.

인간과 사상

이 세상 것 중에 가장 공평하게 분배된 것은 양식(良識, bon sens)이다. 왜 그런가 하면 누구든지 이것은 충분히 가지고 있으며 또한 몹시 까다로우며 다른 것이라면 무엇이든지 만족하지 않는 사람일지라도 이미 가지고 있는 것 이상 더 부럽다고 생각하지 않기 때문이다. 그러므로 많은 사람들이 모두 틀렸다고 하는 것은 사실 같지가 않다. 이것은 오히려 양식 혹은 이성이라고 불리는, 진리와 허위를 식별하고 바르게 판단하는 힘이 인간 누구에게 있어서나 나면서부터 평등하다는 것을 증명한다. 우리의 의견이 구구한 것은 한쪽이 상대방보다 더 많은 이성을 갖추고 있기 때문이 아니다. 우리는 사상을 여러 가지의 다른 경로에 의하여 인도하는 것이지, 모든 사람이 항상 같은 것만을 생각할 수는 없다. 사상이란 여기서부터 생기는 것이다. 때문에 좋은 정신을 가지고 있는 것만으로는 불충분하다. 좋은 정신을 올바르게 쓴다는 것이 중요하다. 위대한 사람들에게는 최대의 부덕(不德)도 최대의 덕과 꼭 같이 행할 수 있는 힘이 있다. 또한 항상 정도(正道)만을 걷고 있다면 아무리 느리게 걷는다고 해도 달리는 사람이나 정도에서 멀리 벗어난 사람보다는 훨씬 앞으로 전진할 수 있을 것이다.

데카르트[1]의 《방법서설》

데카르트의 철학적 영감은 그가 바바리아의 용사였을 때 떠올랐다.

봉 상스라고 하는 것은 프랑스 특유의 말이다. 이성과 같
은 의미로 사용된다. 봉 상스가 공평하게 분배되어 있다는
것은 몽테뉴의 《수상록》에도 나온다. 데카르트는 이것에 적
극적인 의미를 붙였던 것이다. 봉 상스의 '쓰는 방법'만이
다르다는 점에 깊은 의미가 있다. 봉 상스는 영어의 코몬 센
스와는 그 의미가 다르다. 코몬 센스는 상식이라고 번역되나
사실은 체험된 지식의 집적을 의미한다. 이에 반하여 양식은
판단력이지 반드시 지식은 아니다. 오히려 지혜에 가깝다.

데카르트는 "나는 생각한다. 그러므로 존재한다"라고 말

---

1) 데카르트(René Descartes, 1596-1650). 프랑스의 철학자, 물리학자, 수학
자. 라 에에서 귀족의 아들로 출생. 예수회의 학원에서 스콜라적 교육을
받았으나 근대적 자연과학과 수학에 더 힘썼다. 1717년 기병사관으로 종
군. 1620년 군적을 떠나 1628년 이후는 네덜란드에서 연구에 몰두하였
다. 1650년 스톡홀름에서 객사. 유명한 《방법서설》(1637)은 《철학시론》
의 서언으로 씌어진 것이다. 그의 철학은 회의로부터 출발되었다. 이밖에
《성찰》, 《철학의 원리》, 《정념론》 등이 있다. 그리고 해석기하학을 창시하
고 《기하학》을 저술하였다.

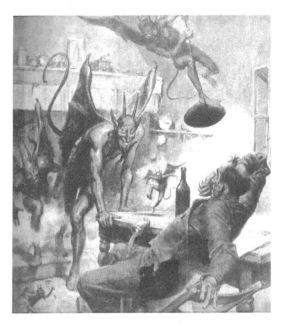

존재의 문제를 고민하는 데카르트와 의심의 악마 데몬들.

하고 있다. 이것은 데카르트 철학의 특질을 가장 잘 표현한
것이다. 우리는 존재함이 없이 회의할 수 없다. 이것이 최초
의 가장 확실한 인식이다. 일생에 한 번이라도 좋으니 이와
같은 근본적인 회의를 시험하여 보라고 데카르트는 권하고
있다. 물론 이것은 인생이나 세계의 근본에 대한 인식을 얻
기 위한, 말하자면 방법적 회의를 말하는 것이지 실제 생활
에 있어서 이와 같은 태도를 취하라는 것은 결코 아니다. 사
르트르도 이 방법적 회의를 가장 높이 평가하며 철학의 출발
점으로서 이 이상 확실한 것은 없다고 말하고 있다. 또한 데
카르트는 《정념론》을 쓰고, 그 속에서 경(驚), 애(愛), 증

(憎), 욕(欲), 희(喜), 비(悲) 등 여섯 가지를 인간의 기본적인 정념이라고 말하고 기타 정념은 이것들이 합친 것이라고 말하고 있다. 이것은 합리적인 분석이다. 인간이 잘 살기 위하여서는 이 정념을 교묘히 지배하는 데 노력하지 않으면 안 된다. 알랭의 생활에 대한 사고방식은 데카르트에서 출발하였다고 볼 수 있다.

　좋은 실례와 좋지 못한 실례와의 사이에 어떠한 차이가 있다고 할지라도 양자는 거의 같을 정도로 좋지 않은 영향을 주고 있는 것이다. 가장 위대한 사람들이 행한 존경할 만한 실례가 우리를 선행으로 인도하기보다 티베리우스(로마 황제. 기원전 42-후 37)나 네로(로마 황제. 37-68)의 악역무도(惡逆無道)가 우리를 악덕에서 멀리하게 하는 데 큰 역할을 하였다고 생각한다. 알렉산더 대왕(마케도니아 왕. 기원전 356-323)의 용기가 얼마나 많은 사이비 호걸을 낳게 하였던가? 시저(로마의 정치가, 군인. 기원전 100-44)의 무훈(武勳)이 얼마나 많은 반조국적 모략의 이유를 만들었던가? 로마와 스파르타는 얼마나 많은 야만적 덕행을 찬양하였던가? 디오게네스(그리스의 철학자, 스토아파의 학자. 기원전 240-152)가 얼마나 많은 말 많은 철학자를 만들어 냈던가? 키케로(로마의 정치가, 웅변가. 기원전 106-43)가 요설가(饒舌家)를, 아티쿠스(로마의 부호. 기원전 109-43)가 중립적이지만 권태한 인간을, 마리우스(로마의 장군. 기원전 152-86)와 스라(로마의 장군. 기원전 138-78)가 복수를 좋아하는 인간을, 루크루스(로마의 장군. 기원전 117-56)가 탐닉가를, 알키비아데스(아테네의 장군. 기원전 450?-404)와 안토니우스(로마의 정치가. 기원전 83?-30)가 방탕아를, 카토(로마의 정치가.

기원전 234-149)가 말썽꾼들을 만들지 않았던가? 모두 이와 같은 위대한 원본은 수많은 조악(粗惡)의 사본을 만들어 냈던 것이다. 덕성이란 것은 악덕의 경계이며, 실례란 것은 왕왕 우리들의 길[道]을 그릇되게 하는 안내인인 것이다. 그리고 우리는 어디까지나 오류로 끌렸던 것이다.

그러기 때문에 우리는 도덕으로 향하는 길을 가기 위하여 실례를 이용할 뿐만 아니라 그 길을 멀리하기 위하여서도 마찬가지로 그것을 이용하는 것이다.

라 로슈푸코의 《성찰》

덕은 만일 허영이라고 하는 동행자가 없었던들 이처럼 멀리까지는 오지 못했을 것이다.

사람들이 우정이라고 부르는 것은 일종의 교제에 지나지 않는다. 서로가 진심을 벗어난 이해관계에 지나지 않는다. 서로가 주고받는 데 지나지 않는다. 요컨대 자애심이 무엇인가 그럴 듯한 일에 붙고자 하는 거래에 지나지 않는다.

인간은 자신이 생각하는 것보다 행복하지도 않고 불행하지도 않다.

젊지만 예쁘지 않다. 예쁘지만 젊지 않다. 때문에 그것은 아무 소용도 없다.

적에게 속고 자기 편에게 배신당하고서는 견디질 못한다. 그런데 인간은 가끔 자기가 자신을 속이고도 아무렇지 않게 지내고 있다.

개개의 인간을 아는 것보다 인간 일반을 아는 편이 쉽다.

라 로슈푸코[2]의 《잠언》

《잠언》과 《성찰》은 성격을 달리한 문집(文集)이다. 《성찰》은 자기 자신을 위한 수기라는 느낌을 준다. 인간의 성격의 약점과 결점을 날카롭게 파헤치고 있지만 다소의 여유가 어느 문장에서나 엿보인다. 이에 반하여 《잠언》은 깊은 통찰력과 세련된 기지로써 인간의 본질을 꿰뚫고 있다. 둘 다 짧은 문장으로 되어 있지만 그대로 잠언이라고 통용된다.

실례를 좋은 것과 나쁜 것 둘로 나누고, 그러나 그 영향은 같다고 말하는 것은 역시 사물을 풍자적으로 보는 방법이다. 그러나 이 저자가 열거한 실례를 보면 어느 것이나 모두 수긍된다. 덕에 대한 고찰도 자기 의사를 충실히 표현하고 있다. 서양에서 자선 사업이 홍성하는 것은 덕과 허영이 깊이 결탁되어 있기 때문이다. 동양의 음덕이라는 것과는 아주 다르다. 우정에 대하여서는 에고이즘을 지적하고 있다. 행, 불행에 대한 문제에서는 인간은 한쪽으로 기울어지기 쉽다는 것을 지적하고 있다. 젊음과 아름다움을 말하는 것으로 시작된 일문(一文)은 역시 기지에 뛰어난 느낌을 준다. 자기가 자신을 속이고도 태연해 한다는 것도 사실이다. 인간 일반을

---

2) 라 로슈푸코(François de La Rochefoucauld, 1613-80), 프랑스의 모럴리스트, 정치가, 문인. 파리의 대귀족의 아들. 시브뢰즈 후작 부인을 사랑하여 애욕과 야심에서 재상 리슐리외 타도를 음모하다가 투옥되었다. 프롱드 난에 패하여 실명하였기 때문에 궁정 생활을 떠나 《안느 도트리시 섭정 시대의 비망록》을 썼다. 그 후 살롱에서 라 파이에트 부인 등 상류 부인과 교제하며 《잠언》을 썼다. 페시미즘에 의하여 인간의 허위를 그렸다.

아는 것이 쉽다는 것도 사실이다. 구체적인 개인을 안다는 것은 대단히 어려운 일이다.

프랑스에는 인간의 본질을 통찰하는 오랜 전통이 있다. 라 로슈푸코는 이러한 전통을 만든 사람 중 한 사람이다. 귀족의 처세술을 말한 것이지만, 그러나 인간 일반의 본질을 날카롭게 파헤친 점에서는 그 누구도 따르지 못할 만큼 훌륭한 것이다.

북풍과 태양이 길손을 발견하였다. 때마침 알맞게도 길손은 날씨가 나쁜 날에 입는 복장을 하고 있었다. 바로 초가을이었기에 길손들은 으레 날씨에 조심하였다. 이 무렵에는 비가 오다가 해가 비치고 무지개가 걸리는 등 변덕이 심해서 외출하는 사람들은 누구나 외투를 가지고 나섰던 것이다. 옛날 라틴 사람들이 '괴상한 달'이라고 불렀던 것도 일리가 있다. 이래서 이 길손도 비 맞을 것을 각오하고 좋은 외투를 입고 있었다. 외투의 안도 좋고 천도 튼튼한 고급 외투였다.

풍신(風神)이 말하였다. "저 사나이는 어떤 사건이 생겨도 좋다는 듯이 아주 단단히 준비하였다고 생각하는가 봅니다. 그러나 내가 한번 멋지게 불면 저 단추는 물론 저 외투가 어디로 날아갈지 아마 미처 생각하지 못했나 봅니다! 어떻습니까! 이런 장난도 재미있겠지요!"

"좋습니다. 그럼 내기할까요" 하고 태양이 말하였다. "누가 먼저 저 기사의 외투를 벗기는가 내기합시다. 그럼 당신이 먼저 하기로 하고 나는 빛을 거두기로 합시다." 말할 것도 없이 풍신은 담뿍 공기를 들이마셨다가 악마와 같은 소리를 지르면서 불기 시작하였다.

그곳까지 가는 동안 많은 지붕을 파괴하였고 수척의 배를 침몰시켰다. 모두 이것은 한 벌의 외투 때문이었다.

그 기사는 바람이 몸속에 들지 못하게 열심히 감싸며 재난을 막으려고 하였다. 풍신은 많은 시간을 허비하였다. 북풍이 기를 쓰면 쓸수록 그는 더욱더 몸을 감싸는 것이었다. 옷깃을 젖혔으나 아무 보람이 없었다.

이미 정해진 시간도 지나 버리고 말았다. 그제서야 태양은 구름을 몰아 버리고 기사의 몸 전체를 따뜻하게 해주었다. 그리고 긴 외투 아래 땀이 나서 외투를 벗지 않고는 견딜 수 없게 만들었다. 물론 태양이 전력을 다했던 것은 아니다. 부드러움은 폭력보다 낫다.

라 퐁텐[3]의 《우화》, 〈태양과 북풍〉

《우화》는 시 형식으로 기술되어 있다. 여기서는 산문으로 고쳐 놓았다. 라 퐁텐은 쾌락주의자로 종교와는 인연이 멀었고 현세의 모든 것을 사랑하였다. 《우화》의 소재는 《이솝우화집》에서 취한 것이나 시의 형식을 취하고, 그 내용은 종래의 교훈적 이야기보다는 훨씬 폭을 넓히고 있다. 동물과 식물의 등장도 많지만 한 편의 연극처럼 묶어 놓은 것이 많다. 〈태양과 북풍〉도 학교에서 연극 대본으로 쓸 수 있다. 이솝

---

3) 라 퐁텐(Jean de La Fontaine, 1621-95), 프랑스의 시인, 우화작가. 샹파뉴주에서 탄생. 전원 생활을 즐겼다. 한때 성직에 있었으나 1657년 재무장관 푸케의 사랑을 받는 시인이 되었다. 푸케 실각 후 오를레앙 대공비 곁에서 궁정 일을 보았다. 라신, 몰리에르와 교제하여 대표작 운문소설집 《우화》 등을 발표했다. 대공비 사후는 재원(才媛) 라 사블리에르 부인의 비호를 받아 《우화》 제2편을 썼다. 만년에는 살롱에서 방일한 생활을 보냈다. 풍부한 시적 천분을 살려서 우화 장르를 완성. 풍자시와 우화시로는 17세기의 으뜸가는 존재다.

처럼 이상한 교훈벽이 없는 것이 특색이다. 자유활달하다. 그러나 당시의 사회 정세의 영향도 있어 인간의 성질은 악하다고 생각하였기 때문에 후일 인간의 본성은 선하다고 강조한 루소에게 비난받은 일도 있다.

크레앙트 : 페스트가 그놈을, 그들의 양까지 몽땅 질식시켰으면 좋겠다. 나쁜 놈! 이런 폭리는 들은 적이 없다. 그러나 나는 놈의 요구를 눈감고 승낙할 수밖에 없다. 하긴 놈은 나에게 무엇이든 승낙하도록 만드니 하는 수 없다. 나쁜 놈, 그놈은 내 목에 단도를 박은 셈이다.

라후레츠 : 서방님, 서방님의 기분은 잘 알고 있습니다. 너무 격정하시면 곤란합니다만 서방님은 마치 빚을 내서 고가로 사들여 싸게 팔고 보리를 푸른 논에서부터 먹다가 파산한 파뉴루쮸가 걸었던 길을 그대로 따르는 것이잖아요.

몰리에르[4]의 〈수전노〉

〈수전노〉는 아르파공이라고 하는 수전노를 주역으로 하고 인색이라는 악덕과 사랑한다는 미덕을 결부시켜 몇몇 희극적인 장면을 전개시키고 있다. 아르파공의 아들 크레앙트가

---

4) 몰리에르(Moliere, 1622-73) 본명은 Jean Baptiste Poquelin. 프랑스의 희극작가, 배우. 중산 시민 계급에서 출생, 오를레앙 대학에서 법률을 배웠다. 배우가 되고자 극단을 결성하였으나 실패, 남프랑스를 순례하는 한편 극작을 시작하였다. 그 후 파리에 가서 루이 14세 앞에서 〈사랑하는 여인〉을 공연한 것이 대성공을 거두어 왕의 비호를 받게 되었다. 대표작으로는 〈부인 학교〉, 〈벼락 의사〉, 〈돈 주앙〉, 〈수전노〉 등이 있다. 당시의 풍속을 묘사하는 동시에 등장인물의 성격을 정확하게 그려 고전 희극을 완성하였다.

돈을 빌려 하고 심부름꾼 라후레츠는 빚에 따르는 지독한 조건을 말한다. 그러나 크레앙트는 자기 부친이란 것은 통 몰랐기 때문에 그런 놈은 페스트에 걸려 죽었으면 시원하겠다고 저주한다. 다음 장면에서 그 빚놀이 하는 자가 바로 자기 부친이라는 것을 안다. 자기 부친의 악덕과 권력에 상처를 받은 아들의 탄식을 그렸다.

진실한 기독교인은 적다. 그래도 나는 신앙에 관하여 이렇게 말한다. 믿는 자는 많지만 미신에 의존하고 있다. 믿지 않는 자도 많지만 방종에 의존하고 있다. 이 양자의 중간에 속하는 자는 적다.
관습적인 진실한 경건 속에 있는 사람들이나 마음속의 감정에 의하여 믿는 사람들을 나는 이 속에(미신과 방종을 말함) 포함시키지 않는다.

세 종류의 사람들이 있다. 하나는 이미 하느님을 찾고 이를 따르는 사람들. 다음은 아직 하느님을 못 찾았기 때문에 이를 구하고자 힘쓰는 사람들. 다음 또 하나는 하느님을 찾지도 못하고 이를 구하려고도 하지 않고 살아가는 사람들. 첫째 사람들은 도리에 맞으며 행복한 사람들이다. 마지막 사람들은 미련하며 불행한 사람들이다. 중간 사람은 불행하지만 도리에는 맞는다.

인간은 자연 속에서 가장 약한 하나의 갈대에 지나지 않는다. 그러나 그것은 생각하는 갈대다. 이것을 꺾는 데 우주 전체는 아무런 무장도 필요없다. 바람이 한 번 불면, 물 한 방울이면 이것을 힘들이지 않고 죽일 수 있다. 그러나 우주가 이 갈대를 꺾을 때에도 인간은 인간을 죽이는 것보다 훨씬 고귀하다. 왜냐하면 인간은 자기가 죽는다는 것을 알고 우주가 인간보다 우월하다는 것을 알고 있기 때문이다. 우주는 그것에 대하여 아무것도 모르고 있다.

때문에 우리들의 모든 존엄은 사고 속에 존재한다. 우리들이 출발해야 할 곳은 바로 사고로부터이며, 우리들이 도저히 채울 수 없는 것인 공간으로부터는 아니다. 때문에 우리들은 사고하기를 힘쓰자. 거기에 도덕의 근원이 있다.

파스칼[5]의 《팡세》

기독교인에 대한 문장은 신앙에 대하여 기술한 것이지만 현재도 역시 통용된다. 진실에서 벗어난 두 가지를 들어 그 중간을 주장한 사고법이 가끔 나온다. 아무튼 극단이란 인간 본성에 반한다고 생각하였다. 인간의 존재는 무한에 대하여는 허무이며, 허무에 대하여는 전체이며, 무와 전체의 중간, 그것이라고 생각하였다. 파스칼이 신비사상가의 일면을 가지고 있다는 것은 이와 같은 사고 방법 때문일 것이다. 자기가 나온 허무도, 그리고 자기가 먹혀 가는 무한도 함께 볼 수

---

5) 파스칼(Blaise Pascal, 1623-62), 프랑스의 신비사상가, 모럴리스트, 수학자, 물리학자. 클레르몽 페랑의 명문에서 출생. 7세 때 파리에 가서 수학을 독습. 16세에 벌써 원추곡선론(圓錐曲線論)을 생각하였다. 수학에 있어서 '확률론'의 연구, 물리학에 있어서 '파스칼의 원리'의 발견 등 많은 사실을 발견하였다. 나면서부터 허약하였는데, 30세 지나서는 은둔 생활을 하였다. 영원한 하느님에 비하여 인간의 이성은 너무도 작은 것이라고 생각하고 《시골 친구에게 보내는 편지》(1656-57)와 《팡세》를 썼다. 전자는 예수회의 교리를 반박한 것이며, 후자는 기독교 변증법을 지향한 문장을 사후에 편찬한 것이다.

없다고 말하고 있다. 세 종류의 인간을 들고 중간 사람들은 불행하지만 도리에는 맞는다고 생각한 것도, 같은 사고법이 아니면 같은 인간 인식에서 나왔다고 할 것이다.

파스칼은 사고를 인간에 있어서 가장 귀중한 것으로 생각하였다. 이것은 데카르트에게서 나온 것이라고 해도 좋을 것이다. 인간을 '생각하는 갈대'라고 비유한 것은 너무나도 유명하다.

천분이 없는 작가가 함부로 시단의 최고봉에 오르고자 생각하지만 그것은 불가능하다. 천래의 영감에 부딪힌 일도 없고 선천적인 시인도 아닌 자는 영원히 그 가난한 재능으로썬 한 걸음도 나갈 수 없다. 그리고 이러한 사람에 대하여서는 시신도 귀를 기울이지 않을 것이며 천마(天馬)도 날고자 하지 않을 것이다.

때문에 위험한 열정에 끌려서 시채(詩才)를 가진 자에게만 부여된 형극의 길을 서두르는 사람들이여, 장난으로 시가(詩歌) 때문에 수고하지 말고 또한 시를 쓰는 것이 재미있다고 하여서 자기가 천재적 시인인 것처럼 생각하는 일이 없도록 하고, 또한 쓸데없는 쾌락의 매혹에 지는 것을 두려워하라. 그리고 심각히 자기 자신의 재능과 시작(詩作)의 역량을 생각하라.

발로-데프레오[6]의 《시학》

---

6) 발로-데프레오(Nicolas Boileau-Despreaux, 1636-1711), 프랑스의 시인, 비평가. 부유한 가정에서 출생. 법률과 신학을 배웠으나 문학에 탐닉하게 되었다. 루이 14세의 비호 밑에 고전주의의 논객으로서 활약했다. 특히 페로와의 고금논쟁은 유명하다. 1666년 《풍자시》의 첫머리를 내놓았다. 이것은 이성과 양식의 입장에서 속류를 비평한 것이다. 이밖에 비평사상 불후의 책이라고 하는 《시학》, 서사시, 《서간시》, 《악보대》 등이 있다.

뽈로-데프레오는 천재론을 주장하였다. 여기서는 재능에 대하여 가장 중요한 것을 말하고 있다. 재능을 생각하는 사람에게 있어서는 잊을 수 없는 충언(忠言)이다.

인간이 냉혹, 망은(忘恩), 부정, 잔인하며, 자기만을 사랑하고 타인을 잊고 있는 것을 보고 인간에 대하여 분개한들 소용이 없다. 인간은 그와 같이 만들어진 것이다. 그것이 인간의 본성이다. 돌덩이가 낙하한다든지 불이 붙는다든지 하는 일에 대하여 성을 내보았자 소용이 없다.

라 브뤼예르[7]의 《성격론》

이것은 인간의 본질을 가장 냉정히 표현한 말이다. 인간의 성(性)은 선한 것이 아니다. 그렇다고 반드시 악한 것도 아니다. 더욱 냉정히 인식할 필요가 있다. 라 브뤼예르는 대단히 겸손한 사람이었다. 《성격론》의 서두에서 대개 할 말은 다 하였다. "우리들은 너무 늦게 왔다. 인정이나 풍속에 관하여 가장 아름답고 가장 훌륭한 것들은 이미 빼앗기고 있다. 고대인이나 근대인의 뒤에서 이삭을 줍고 다닐 뿐이다"라고 한탄하고 있다.

---

7) 라 브뤼예르(Jean de La Bruyere, 1645-96), 프랑스의 저술가, 모럴리스트. 오를레앙 대학에서 법학을 공부하여 변호사가 됐다. 그러나 사석을 즐겨 별로 법정에 서지 않았다. 그 후 콩데 대공의 손자 교육을 맡았고 해직 후도 그 집에 머물렀다. 그동안 테오프라스토스의 《여러 종류의 사람들》을 번역하면서 이것을 모방하여 당대 프랑스의 풍속 시평 《여러 종류의 사람들》을 저술하였다. 루이 14세 치하의 퇴폐를 그리고 비참한 농민 생활에 동정하였다. 유작으로선 《정적주의에 관한 대화》가 있다.

이것에 대하여는 의학의 법칙과는 별도로 법칙 이상의 하나의 지혜가 있다. 그것은 즉 개인의 관찰로써 자신의 건강에 유익하다고 인정한다든지 또는 유해하다고 인정하는 것이다. 이것은 건강의 보전을 위하여서는 최선의 의학이다. 그러나 "이것은 내 몸에 맞지 않으니 그만두기로 하자"라고 하는 결론 쪽이 "이것은 내게 조금도 해롭지 않으니 사용하여도 무방하다"라고 하는 결론보다는 훨씬 안전하다. 왜 그런가 하면 젊은 시절에는 강한 육체를 가지고 있기 때문에 많은 무리를 하게 되는데, 그것이 노년에 이르기까지 부채로 남게 되기 때문이다. 노년이 다가오는 것을 인정하고 언제까지나 동일한 짓을 하려고 하지 말라. 노년은 무시 못 할 것이기 때문이다. 음식(飮食) 중의 중요한 점은 급격한 변화를 삼가야 한다는 것이다. 혹 그것이 부득이 필요할 때는 딴 습관을 그것에 조화시키라. 단 하나만을 변화시키는 것보다 많은 것을 한꺼번에 변화시켜 버리는 것이 안전하다는 것은 자연이나 정치에도 부합되는 비결이기 때문이다. 제군의 식사, 수면, 운동, 의복, 그 밖의 습관을 반성하여 보라. 그리고 유해하다고 인정되는 점이 있으면 그것을 서서히 버리도록 하라. 그러나 그 변화에 의하여 뭔가 불편한 점을 발견하면 되돌아가도록 하라. 일반적으로 좋다는 것, 건강에 좋다고들 하는 것, 개개인에게 좋은 것 — 제군 자신의 몸에 적합한 것을 판별취사한다는 것은 무척 어려운 일이기 때문이다. 식사나 수면이나 운동하는 시간에는 기분을 자유롭게 하여 유쾌한 기분으로 있는 것이 장수를 위해선 가장 좋은 방법 중 하나다. 감정이나 사려에 대하여 말하면 질투, 근심, 고역(苦役), 속에서 좀먹는 분노, 어렵고 시끄러운 천착(穿鑿), 과도한 희열, 즐거움, 비애에 혼자만이 굴복하기를 피하라. 희망, 희열보다는 오히려 쾌활한 기분, 차고 넘칠 정도의 쾌락보다는 오히려 즐거움의 변화, 경이와 감탄, 따라서 신기한 것, 역사라든가, 우화라든가, 자연의 관찰과 같은 마음을 상쾌하고 진기한 것으로 가득 채우는 연구, 이상과 같은 것들을 마음속에 받아들이라. 만일 제군이 건강할 때 전연 의약에서 떨어져 있으면 그것이 필요하게 될 때는 제군은 불편을 느낄 것이다. 또한 너무 지나치게 친하게 되면 병에 걸렸을 때 특별한 효력을 못 보게 될 것이다. 나는 습관된 경우를 제외하고는 의약을 자주 사용하는 것보다 어떤 시기에는 특수한 음식물을 먹으라고 권한다. 그러한 음식물은 체질 개조에 한층 유력하며 부작용이 훨씬 적기 때문이다. 제군의 몸에 어떤 달라진 징조가 생기면 소홀히 생각지 말고 전문가에게 상담하라. 병에 걸렸을 때는 건강을 제일로 명심하라. 건강할 때는 활동에 힘쓰라. 왜 그런가 하면 건강할 때 몸의 저항력을 길러 두는 사람은 그리 큰 병이 아니면 대개는 식사의 주의와 간호만으로도 고칠 수 있기 때문이다. 케루수스는 건강과 장수의 중요한 원칙의 하나로서 변화를 구하고 반대되는 것을 섞었다. 그러나 안락한 편이 더 좋다고 말하였다. 절식과 포식에 있어서 포식을, 불면과 수면을 섞을 때는 수면 편에 비중을 크게 두었다. 또한 앉는다든가, 운동한다든가에 있어서는 운동 편을 취하라고 하였다. 이렇게하여 육체는 애호되고 단련된다. 이것은 오직 의사만으로서는 말 못한다. 의사인 동시에 현인이기 때문에 감히 말할 수 있었던 것이다. 의사 중에는 병자의 비위를 맞춰 병자를 부드럽게 대하는 것을 제일로하고 병의 원래 치료법을 쓰지 않는 자가 있다. 한편 의술이 명하는 대로만 엄격히 취급하여 병인의 상태에 주의하지 않는 자가 있다. 이 양극단의 중용을 얻은 의사를 모시는 것이 좋다. 혹시 한 사람으로서 이러한 자격을 갖춘 자가 띄지 않을 때는 양쪽에서 한 사람씩 두 사람을 병용하는 것이 좋다. 다시 말하면 기술에 있어서 가장 평판이 좋은 자와 제군의 몸에 가장 잘 통하는 사람을 초대할 것을 잊어서는 안 된다.

베이컨[8]의 《수상록》, 〈건강법에 대하여〉

이 《수상록》에서는 '생활과 도덕에 관한 충고'라는 부제가 붙어 있다. 여기서 말하고 있는 건강도 정말 그대로 현대의 건강법으로서 적용된다. 《수상록》은 59장으로 되어 있다. 처음 10장의 제명을 들면 다음과 같다.

〈진리에 대하여〉, 〈죽음에 대하여〉, 〈종교상의 일치에 대하여〉, 〈복잡에 대하여〉, 〈간난(艱難)에 대하여〉, 〈가장과 기만에 대하여〉, 〈양친과 자녀에 대하여〉, 〈결혼과 독신생활에 대하여〉, 〈질투에 대하여〉, 〈연애에 대하여〉.

이것을 보더라도 얼마나 다방면에 걸쳐 논하였는가를 알 수 있다. 학자로서의 베이컨은 모든 지식을 배웠다고 말하고 있다. 영국의 '백과전서파'라고 하여도 좋다. 《수상록》은 에세이를 모은 것이지만 몽테뉴의 《에세》와는 성질이 다르다. 몽테뉴는 소극적이며 회의적인 말이 많다. 베이컨은 유능한 실무가로서의 적극적인 생활의 지혜로 가득 차 있다. 이 《수상록》에는 예를 들면 〈정원에 대하여〉라는 문장까지 끼어 있다. 정원은 인간의 즐거움 중에서도 가장 깨끗한 것이다. 1년중 매개월의 정원을 설계하여 아름다운 초목이 차례대로 계절에 따라 옮겨지지 않으면 안 된다고 말하고 있다. 초목

8) 베이컨(Francis Bacon, 1561-1626). 영국 경험주의 철학의 시조. 문학가, 정치가. 런던 출생. 케임브리지 대학을 졸업. 검찰총장, 대법관을 거쳐 자작이 됐다. 1621 수회(收賄) 혐의로 고발되어 실각, 저술로 전향. 중세의 스콜라 철학에서 벗어나 과학적 철학 체계를 이룩하고 방법론으로는 귀납법을 주창하였다. 저서로서는 《학문의 진보》, 《신논법》이 유명하다. 초기의 《수상록》이나 《뉴 애틀란티스》는 산문의 발달에 공헌하였다.

에 관한 구체적인 지식은 놀랄 정도로 풍부하다. 정원의 한 부분을 황야로 하고 거기에는 나무를 심지 않고 등넝쿨, 들포도를 올리고 땅에는 오랑캐꽃, 딸기를 심는다. 정원에 황야를 만든다는 점은 확실히 뛰어난 생각이다. 비용은 왕후(王侯)의 정원이라면 얼마든지 들여도 좋다고 하였으며, 실제로 왕후의 정원은 자기가 생각하는 것처럼 되어 있지 않다고 결론을 내리고 있다.

베이컨의《수상록》은 몇 시간이면 다 읽을 수 있지만 30회를 되풀이하여도 먼저 읽은 데서 미처 못 찾아낸 새로운 무엇을 발견할 수 있을 것이라고 한다.

나는 심장의 운동과 작용을 발견하는 수단으로서 생체 해부를 생각하였다. 그리고 남의 저작에서가 아니라 실제 조사에서 이것을 발견하고자 노력하였다. 이 일은 무척 힘들었고 너무나도 곤란하였다. 그래서 나는 프라카스토로(이탈리아의 의사, 자연과학자. 1483-1553)와 함께 심장의 운동은 신에 의해서만 이해될 수 있는 것이라고 생각하게 되었다. 왜 그런가 하면 운동이 너무도 빨라서 언제 심장이 수축하고 언제 확장하는지 또 언제, 어디서, 그 수축과 확장이 일어나는지 처음엔 정확히 알 수가 없었다. 많은 동물에 있어서는 이 운동은 한순간에 완료하고 번갯불이 번쩍하는 것처럼 오고 간다.
하비[9]의《동물에 있어서의 심장 및 혈액의 운동에 관한 해부학적 연구》

하비는 책으로써가 아니라 해부에서 배울 것을 강조하였다. 즉 철학자의 입장에서가 아니라 자연과학자로서 배워야 한다는 것이다. 아리스토텔레스는 간장(肝臟)에서 만들어진 혈액이 심장에 이르고 그 후 체내를 통하여 정맥에 도달한다고 가르쳤다. 이에 대하여 하비는 심장의 수축이 혈액을 내민다고 하였다. 즉 심장이 수축할 때에 동맥은 혈액을 수용하기 위하여 확장된다고 생각하였다. 혈액이 심장의 왼쪽에서 나와 동맥을 통하여 마지막에 도달하고 거기서 다시 정맥을 통하여 심장의 오른쪽으로 되돌아온다는 것을 증명하였다. 다시 말하면 동맥에 의하여 운반된 똑같은 혈액이 정맥을 통해 되돌아온다는 것이었다. 그리하여 완전한 순환을 한다는 중요한 발견에 성공하였던 것이다.

이 발견은 근대 해부학의 기초를 이룩하게 되었던 것이다. 그리고 그는 "실험에 의하여 자연의 비밀을 탐구한다"라는 학문의 방법론을 확립하였다.

둘은 뒤돌아본다. 지난 한때 즐거웠던 옛집을.

낙원의 동쪽을 바라보았다. 그러나

저 화염검이 그 위에 걸려 있었다. 문에는

무서운 얼굴과 불의 무기가 모여 있었다.

둘은 자기도 모르게 눈물을 떨구고 곧 닦았다.

---

9) 하비 (William Harvey, 1578-1657), 영국의 의학자. 근대 생리학을 개척한 사람. 캔터베리 주에서 출생. 케임브리지 대학을 나와 이탈리아의 파두아 대학에서 공부하였다. 귀국 후 런던에서 개업, 의과대학에서 해부학, 생리학을 강의하였다. 1619년 유명한 '혈액 순환의 원리'를 발표. 그 후 《동물에 있어서의 심장 및 혈액의 운동에 관한 해부학적 연구》라 제하여 독일에서 출판되었다. 제임스 1세, 찰스 1세의 시의를 거쳐 멜톤 칼리지 학장이 되었다. 동물의 발생도 연구하여 '동물 세대의 연구'를 출판하였다.

안주(安住)의 땅을 구할 수 있는 세계는

지금 그들 앞에 있다. 하느님의 섭리가 그 인도자였다.

아담과 이브는 손에 손을 잡고 유랑의 길을 걸어 에덴을

헤치고 고독의 걸음을 계속하였다.

밀턴[10]의 《실락원》

《실락원》의 주체는 인류의 선조 아담과 이브의 타락이다. 지옥의 악마 사탄은 인간의 타락을 기도하고 하느님의 패배를 계획한다. 하느님은 그 성공과 인간의 타락을 예언하고, 하느님의 아들 예수 그리스도가 몸을 가지고 인간의 죄를 대속한다는 것이다. 사탄은 에덴동산에 이르러 뱀이 되어 이브를 유혹한다. 이브는 유혹에 떨어져 선악과의 열매를 따먹는다. 하느님은 이 열매만은 먹어선 안 된다고 타일렀던 것이다. 아담도 이브에 대한 사랑 때문에 오히려 함께 멸망하는 것이 좋다고 생각하여 그 열매를 먹는다. 두 사람은 자기들의 죄를 참회하고 부끄러움을 안다. 하느님은 두 사람은 이 낙원을 떠나지 않으면 안 된다고 이른다. 사탄은 자기의 승리를 하느님에게 보고한다. 하느님의 사자 미카엘은 두 사람에게 와서 인류의 장래를 노아 홍수까지 환상으로 보여준다.

---

10) 밀턴(John Milton, 1608-74), 영국의 시인. 런던 출생. 케임브리지 대학 졸업. 재학 중 《그리스도 탄생의 아침》을 써서 재능을 나타낸다. 그 후 도회의 소란을 떠나 《침사(沈思)하는 사람》 등의 작품을 썼다. 1637년 이탈리아 여행 중 고국의 청교도 혁명의 소식에 접하고 귀국하여 혁명에 가담하였다. 그 후 20년간 정치에 관계하여 왕정복고(1660)를 맞아 한때 생명이 위험하였다. 더욱이 실명의 쓰라림을 겪으면서 《실락원》, 《투사삼손》을 남겼다. 《실락원》은 《구약》의 낙원 상실의 이야기를 시화한 것으로 영국 서사시의 최고 작품 중의 하나다.

그러나 그리스도 교회를 설명하고 인류의 구제는 아직 희망이 없지 않다는 것을 말한다. 아담과 이브는 얼마간의 희망을 품고 뚜벅뚜벅 낙원을 떠나간다.

인간을 주제로 선택하고 소재를 《구약성서》에서 구하였다. 《실락원》은 웅대한 서사시인 것이다. 한낱 서사시를 넘어서 이 작가가 혁명이나 또는 그후 반동기 속에서 체험한 개인의 고뇌를 표현하고 있다는 것도 잊어서는 안 된다.

밀턴이 병중에 딸들에게 구두로 전해 쓰게 하여 완성시킨 《실락원》으로 영국 서사시의 걸작이다.

나는 믿음이 깊은 것처럼, 또는 믿음이 없는 것처럼 꾸밀 수 있다. 무엇인 것처럼 그리고 아무것도 아닌 것처럼 할 수 있다. 스스로 서약하면서 서약을 해선 안 된다고 책할 수도 있다. 스스로 거짓말을 하면서 얼마든지 거짓말의 죄과(罪過)를 나무랄 수도 있다. 술을 마시고 여자를 즐기고 남을 속이면서도 조금도 양심의 고통을 받지 않을 수도 있다. 나는 나 자신의 행위의 주인이지만, 행위가 내 주인이 될 수는 없다.

버니언[11]의 《악한의 일생》

버니언은 《천로역정》의 저자로서 널리 알려져 있다. 이 이야기의 주인공 '크리스챤'은 그리스도의 가르침에 눈떠 나중엔 모범적인 인물이 된다. 그런데 이 '크리스챤'과 정반대의 인물이 '악한'이다. '악한'은 어릴 때부터 악의 소질을 지니고 있고, 허언(虛言), 도벽(盜癖), 욕설 등의 악벽을 가지고 있다. 양친은 여러 가지로

---

11) 버니언(John Bunyan, 1628-88), 영국의 종교작가. 빈곤한 가정에서 태어나 16세 때 크롬웰이 일으킨 혁명에 참가했다. 그 후 아내의 감화로 침례교파에 들어갔다. 왕정복고 후 비밀집회 금지법에 걸려 12년간 옥중 생활을 보냈다. 그동안 《넘치는 은총》을 써서 자기의 신앙 체험을 토로하였다. 1675년 재투옥. 옥중에서 주저 《천로역정》의 구상을 세웠다. 신앙 이야기지만 간결하며 생생한 표현을 보이고 있다.

걱정하고, 그 성질을 고쳐 주려고 하였으나 헛일이었다. 악덕은 소년에게 내재한 죄의 결과였던 것이다. 이것은 기독교의 교리로서 가장 중요한 원리인 원죄를 말하고 있는 것이다.

버니언은 인간을 선인, 악인으로 나누지 않았다. 아주 평범한 인간이 악인이 된다고 말하고 있다. 그 악인의 됨됨이도 단순하게 되어 있지 않다. 근대인의 심리처럼 복잡하다. 기독교의 입장에서 인간의 선악을 바라보면서, 이와 같은 복잡한 인간성의 깊은 곳까지 파고든 것은 버니언의 문학적 재능이 결과라 해도 좋을 것이다.

영원한 옛적부터 어떤 자가 있었다. '어떤' 것이 '영원한 옛적' 부터 있었음에 틀림이 없다고 하는 것보다 더 명백한 진리는 없다. 나는 전혀 아무것도 없었을 때라고 명확한 모순을 가정할 수 있을 정도로 비상식적인 사람의 말은 아직껏 들어본 적이 없다. 왜 그런가 하면 그 순수한 무, 다시 말하면 모든 존재의 완전한 부정과 결여로부터 언제 무엇인가의 실재적 존재가 탄생한다는 것은 모든 불합리 중에서도 가장 심한 것이기 때문이다.

때문에 모든 이성적 존재에 대하여서는 영원한 옛적부터 어떤 것이 존재하고 있었다고 단정하는 것은 피할 수 없는 일이다. 다음으로 그것은 어떤 종류의 것이 아니면 안 되는가를 보기로 하자.

로크[12]의 《인간오성론》

로크가 출생한 해는 스피노자가 탄생한 해와 같다. 로크의 사상적 입장에 대해서는 경험론이냐 합리론이냐 하고 논쟁

되고 있다. 이것은 우리들의 외계에 대한 지식이 경험에서 시작되는 것인가, 관찰에서 시작되는 것인가 하는 문제다. 로크는 '관념'이란 말을 현대에서 말하는 '현상'과 동일한 뜻으로 썼고, 관념론자처럼 쓰지는 않았다. 관념은 대상이란 의미, 또는 부합이라고 생각하였다. 로크가 실재론에도 관념론에도 기울어지지 않은 것은 인생과 사회에 대한 실제 체험이 풍부하였기 때문일 것이다. 인생의 넓은 입장에서 인간의 정신 활동을 바라보면서 이론을 위한 이론을 삼갔다. 이것은 사상가로선 약점이 되겠지만 동시에 사물의 본질을 대체적으로 파악한다는 점에선 강점일 것이다. 인간의 오성에 대한 신뢰는 그가 실제가였기 때문에 그랬으리라고 생각한다.

세상의 본질은 영원한 옛적부터 존재하였다고 생각한다. 그리고 그것은 이성에 의한 판단이라고 생각한다. 허무로 생각되는 것은 모순이라고 단정한다. 철학자는 이렇게 온당한 판단에서 극단적인 해결을 하기 좋아하지만 그것을 물리쳤던 것이다. 로크에 있어서는 실재론도 필요 없었고 관념론도 필요 없었다. 세계는 합리적으로 실재한다고 생각하였던 것이다. 그것은 철학자로선 분명치 못한 사고방식일는지도 몰라도 실제가에 있어선 확실한 진리라고 생각하였다.

12) 로크(John Locke, 1632-1704), 영국의 경험철학자, 정치사상가. 런던 출생. 옥스포드 대학에서 철학, 종교, 의학 등을 수학하고 스콜라적인 학풍에 반감을 가졌다. 1666년 샤프츠베리 경을 알아 그 시의, 고문으로 있었다. 그의 실각 후 프랑스, 네덜란드로 갔다. 1689년 오렌지공 윌리엄이 왕위에 올랐기 때문에 귀국, 문필 활동을 했다. 《인간오성론》에 의하여 인식론을 기초로 한 실증적 철학을 수립. 그리고 《관용론》에 있어서는 신앙의 자유를, 《교육론》에서는 개성의 존중을 주창하여 루소의 선구가 됐다.

태양과 유성·혜성의 이 아름다운 체계는 지적인 최고자의 조언과 지배 밑에서만이 나타날 수 있는 것이다. 맹인(盲人)이 색의 관념을 못 가지듯이 우리들은 전지(全知)의 하느님이 모든 것을 지각하고 이해하는 빙법을 모른다.

뉴턴[13]의 《프린키피아》

1690년에 간행된 존 로크의 《인간오성론》.

이 말은 뉴턴의 신앙 고백이다. 《프린키피아》는 자연에 대하여 그것이 어떤 모양으로 존재하고 있는가를 설명한 것으로서 그 존재 이유에 대하여서는 해답을 하

---

13) 뉴턴(Sir Isaac Newton, 1643-1727), 영국의 물리학자, 천문학자, 수학자. 울즈소프의 농가에서 출생. 케임브리지 대학을 졸업, 1669년 교수가됐다. 빛의 분해, 만유인력의 법칙, 미적분법은 그의 3대 발견이다. 이러한 역학에 관한 업적은 모두 《프린키피아》에 수록되어 있다. 비상한 명성을 얻어 조폐국장, 왕립협회 회장이 됐다. 평생 결혼하지 않고 85세로 서거.

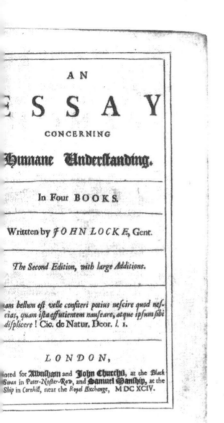

지 않고 있다. 이것은 현재의 자연과학자 대부분이 가지는 태도와 같다. 물론 뉴턴처럼 절대자의 존재를 인정한다고는 단언 못한다. 왜 자연이 이와 같이 존재하고 있는가에 대하여 현재로선 아직 충분히 알고 있지 않다고 생각하는 사람도 있고, 인간의 인식능력에는 한도가 있어서, 그것은 영원히 알 수 없는 것이라고 생각하는 사람도 있다.

뉴턴은 우주 역학에 대한 자기의 공적에 대하여서는 코페르니쿠스, 브라헤, 케플러, 갈릴레이 들보다 높은 곳에 서 있었기 때문에 훨씬 먼 곳까지 볼 수 있었다고 겸손히 말하고 있다. 뉴턴이 자기에 대하여 말한 또 하나의 아름다운 말이 있다.

"세상 사람들에게 내가 어떻게 보여지는지는 몰라도 나 자신은 내가 해안에서 예쁜 곱돌과 아름다운 조개껍질을 발견하고 즐거워하는 소년과 같다고 생각한다. 그리고 한편 진리의 대해(大海)는 미지 그대로 내 앞에 가로놓여 있다."

〈정리 11〉 신, 혹은 각기 영원·무한의 본질을 표현하는 무한히 많은 속성으로 성립한 실제는 필연적으로 존재한다.

〈증명〉 이것을 부정하는 자는, 만일 될 수 있다면 신이 존재 안한다고 생각하라. 그렇게 하면 (공리 7〈주 1〉에 의하여) 그 본질은 존재를 포함하지 않는

《자연철학의 수학적 원리》라는 제목으로 1687년에 초판이 간행되었다.

다. 그러나 그것은 (정리 7〈주 2〉에 의하여) 부조리하다. 때문에 신은 필연적으로 존재한다.

주 1 존재하지 않는다고 생각되는 것의 본질은 존재하지 않는다.

주 2 실체의 본성에는 존재하는 것이 속한다.

스피노자[14]의 《에티카》

《에티카》는 기하학의 형식으로 쓰인 것이다. 즉 정의, 공

리, 정리, 증명 등 이러한 형식이 채택되었다.

스피노자의 철학의 토대가 되어 있는 것은 '실체'라는 개념이다. "나는 실체라는 이름으로 그 자체 속에 존재하며 그 스스로가 이해되는 것을 말한다. 즉 그것을 생각함에 있어서 다른 개념은 필요 없다" 이 실체는 '자기 원인'으로 생기는 것이다. 이것은 중세의 신학에서도 생각되었던 것이다. 당시에는 '실체'에 해당하는 것으로 오직 신밖에 없었다. 그러나 스피노자는 그 신을 자연과 동등한 위치에서 생각하였던 것이다. '자기 원인'으로서 '실체'는 신이지만 그것은 자연에 불과한 것이라고 생각하였다. 이 세

---

14) 스피노자(Baruch de Spinoza, 1632-77), 네덜란드의 철학자. 암스테르담의 유태 상인의 아들. 처음에는 유태교의 종교 교육을 받았으나 서양 사상에 흥미를 가지고 데카르트에 경도하였기 때문에 파문당하였다. 그러나 마침내 데카르트의 물심이원론(物心二元論)을 배척하고, 정신과 물질을 유일신의 두 개의 속성으로 보고 신의 지적인 사랑에 의하여 신과 합일하는 곳에 인간의 최고의 선이 있다고 하였다. 주저로는《신학정치론》,《지성개조론》,《윤리학》등이 있다.

스피노자의 초상

계에서 이루어지는 일을 세계를 초월한 곳에 존재하는 신에 의하여서가 아니라 세계 속에 존재하는 원인에 의하여 증명하고자 하였던 것이다. 이것은 과학적 정신인 동시에 유물론과 통하는 사고방식이다.

세계를 '세계 그 자체'로 이해하자는 것이 스피노자의 사고방식이다. 세계 밖에서 원인을 구하는 것을 거절한다. 세계에는 목적이 없다. 자연은 목적을 위하여 존재하지 않는다. 목적을 위하여 활동하지도 않는다. 자연은 자기 속에 내재하는 필연성에 의하여 존재하고 진행된다. 또 인간이 선악이라든가, 미추라고 부르는 것도 절대적인 개념은 아니고, 동일한 사물도 동일한 시간에 선이 될 수도 있고 악이 될 수도 있다고 생각한다. 자연에 대하여서는 '어떻게'라고 물을 수는 있지만 '무엇 때문에'라고는 물을 수 없다. 자연은 목적을 가지고 있지 않다. '실체'에 내재하는 필연성을 통하여 존재하고 활동하는 것이다.

예수 그리스도는 인간에게 천국의 신비와 훌륭한 율법과 하느님이 자기를 사랑하는 자를 위하여 마련하신 위대한 지상의 행복을 계시하였다.

고대의 철학자들은 이 중요한 진리를 전연 몰랐다. 예수 그리스도만이 그 진리를 엄숙히 잘 표현하였고, 그 표현 방법이 분명하였으며, 또한 쉽게 친할 수 있었기 때문에 가장 조잡한 정신일지라도 이 진리를 이해하였던 것이다. 때문에 그리스도의 복음은 인간의 사태를 아주 바꿔 버렸던 것이다. 그는 우리들에게 천국, 즉 하느님의 나라라고 부르는 이름에 알맞는, 그 정신의 완전한 국가를 가르쳤고 그 나라의 훌륭한 율법을 분명히 하여 주었다. 다시 말하면 하느님이 얼마나 우리들을 사랑하고 계신가, 얼마나 엄정하게 우리들 전부를 돌보아주고 계신가. 참새를 위하여서까지 마음을 쓰시니 그보다 한없이 귀중한 이성적 피조물을 무시하실 리 없다. 아니 그것뿐이랴, 우리들의 머리카락 하나하나까지도 전부 헤아리신다. 천지가 멸망하여도 하느님의 말씀과 인간의 구원은 변하지 않는다. 하느님은 세계의 모든 기구보다도 지성을 가진 영혼, 즉 인간 중에서도 제일 보잘것없는 자에게 더욱 관심을 두신다. 하느님만이 영혼의 행·불행을 지배하실 수 있다. 우리들은 신체는 파괴할 수 있어도 영혼을 상하게 할 수 없다는 것을 무서워해서는 안 된다. 착한 사람들의 영혼은 하느님의 손에 의하여 우주의 모든 격변에서 수호되고 하느님 이외에는 그 누구도 영혼에 영향을 줄 수 없다. 우리들의 행동 무엇 하나 잊지 않으신다. 쓸데없는 말 한 마디, 유효하게 사용한 한 모금의 물도 모두 고려하신다. 최후에 선한 자에게 최대의 선을 베푸실 것임에 틀림없다. 바른 사람들은 태양과 같은 것이다. 하느님이 자기를 사랑하는 사람을 위하여 마련하신 지상의 행복에 가까운 것은 우리들의 감각의 힘으로도, 정신으로도 언제 한 번 맛본 일이 없다. 이상의 것을 계시한 것은 오직 예수 그리스도뿐이다.

라이프니츠[15]의 《형이상학 서설》

---

15) 라이프니츠(Gottfried Wilhelm Leibniz, 1646-1716) 독일 근대 철학의 시조. 수학자, 물리학자. 외교관도 하였다. 15세 때 철학에 정통하였다고 한다. 1673년부터 76년까지 파리와 런던에 여행하여 자연과학자들과 교우했다. 그의 철학은 광범한 자연과학의 지식과 신학의 목적론에 기초하여 세계관을 통일하였다. 만물은 영혼을 포함한 무수한 단자로 성립되었고 우주의 질서는 신의 예정조화 속에 있다고 하였다. 또한 수학상에선 미적분학을 시작하였다. 주저로는 《형이상학 서설》, 《단자론》, 《신오성론》 등이 있다.

《형이상학 서설》은 신의 완전성과 신이 모든 일을 완전한 방법으로 행한다는 데 대한 고찰로부터 시작하여 신에 대한 형이상학을 논한 것이다. 여기에 인용한 것은 그 마지막 부분이다. 후에 《단자론》에서 전개한 '단자(모나드)'라는 개념의 토대가 되는 사색을 짐작할 수 있다. 그러나 이 말은 아직 사용하지 않았다. 데카르트가 진리의 기준을 '명석과 판명'이란 점에서 구한 데 대하여 라이프니츠는 완전하고 동시에 직관적인 인식을 가장 훌륭한 것이라고 생각하였다. 또한 자연과학에 있어서도 데카르트를 비판하였다. 특히 《단자론》에서 데카르트와 스피노자가 생각한 '실체'와는 달리 무한히 존재하고 다양하며 서로가 다른 '단자'는 '창(窓)'이 없고 인과작용을 하지 못한다. 그러나 '단자'는 그 자신 산 운동을 한다. 그리고 전우주를 반영하는 표상 능력을 가진 원자다. 이 '단자'와 표상간의 일치는 신의 예정조화에 달려 있다고 생각하였다. 즉 형이상학적 요소와 변증법적 요소를 섞은 객관적 관념론이라고 할 수 있다. 변증법적 요소라고 하는 것은 일(一)과 다(多), 개(個)와 보편(普遍), 무한과 유한이라고 하는 연관을 생각한 점이다. 라이프니츠의 철학에는 관념적 요소와 합리적 요소가 혼합되어 있다. 이것은 라이프니츠가 놓여진 상황을 반영한 것이라고도 말할 수 있다. 카톨릭의 신학과 과학에 근거하여 합리주의를 조화시킨다는 것은 당시 독일 사회 정세에서 구해진 것이다.

제6장 18세기의 사상

개관

17세기 사상의 특색으로서 이성의 존중을 들 수 있다. 이
것은 18세기에 이르러 더욱 보편화되었다. 즉 '계몽사상' 이
라는 형태를 띠고 사회의 넓은 계층에 퍼지게 된 것이다. 이
이성 존중의 사조는 르네상스기에 움텄으나 그 후 고전주의
시대에 이르기까지는 일부 지식인들만이 자각하고 있었다.
그러나 18세기에 들어서자 이성은 자주적 활동 단계에 들어
간 것이다.

18세기는 시민 계급이 사회의 새로운 지배자가 되려고 하
던 시대였다. 시민은 자기들의 거점이 될 만한 사상을 구하
고 있었다. 한편 자연과학의 발전에 의해 이성에 대한 신뢰
가 한층 더 깊어졌다. 근대인의 상징인 이성이 사람들의 마
음속에서 각성되어 갔던 것이다. 이것은 후에 프랑스 혁명
같은 사회 개혁을 일으키는 현실적 힘이 되었다.

계몽사상

한마디로 계몽사상이라고 하지만 각 사상가에 따라서 여러 가지 상이점(相異點)이 있다. 그러나 자연법을 근저로 하고 있는 점, 자유주의 · 개인주의 · 합리주의를 중요시하는 점, 사고 방법으로서 경험주의를 취하고 있는 점 등은 대체로 공통된다. 계몽사상의 완성자이며 극복자이기도 한 칸트(1724-1804)는 "그대 자신의 오성을 사용하는 용기를 가져라" 하고 말하고 있다. 이성을 중요시하는 것은 이성의 담당자로서의 개인을 중요시하는 사상과 통한다. 여기에서 자유 · 평등의 관념이 나오고, 다음에 기존 제도나 질서 가운데 있는 비합리적인 부분에 대해 날카로운 비판을 가하는 것이다. 이 시대에는 종교가 날카로운 비판의 대상이 되었다.

계몽사상의 근저가 된 자연법은 고대 그리스의 철학자도 논의한 것이며 중세에도 존재했다. 그러나 근대의 자연법은 이것과는 질적으로 다르다. 계몽사상가가 말하는 자연법은 무척 현세적이며 개인주의적이었다. 자연은 선험적(先驗的) 혹은 자연적 원리에 기저를 두고 존재하는 것이 아니고 인간 속에 존재하고 경험적으로 포착할 수 있는 것이라고 생각한 것이다. 중세에서는 신의 절대적 자연법을 생각했다. 그러나 근대가 되자 초월한 신의 세계가 아니라, 인간의 이성 위에 성립되는 것으로 간주되었다. 또 중세의 자연법이 보편주의와 결부되었던 것과는 반대로 근대의 자연법은 개인주의와 결부되었던 것이다. 국가와 사회의 문제를 중심으로 생각하는 것도 특색이다. 이 한 가지로 미루어 보더라도 시대에 의한 변천을 볼 수 있다.

17세기의 홉즈(1588-1679) 등은 우선 국왕의 권력을 뒷받침하는 이론을 내세우고 법의 일반적 성질이나 국가의 문제를 논했다. 그런데 근대 자연법의 본질은 시민 계급의 이데올로기였기 때문에 차츰 시민 사회와 국가의 문제가 중심이 되게 되었다. 시민 계급의 입장을 대표하는 사상가로서는 로크(1632-1704)와 루소(1712-78)를 들 수 있다.

자연법학자들은 첫째 사회를 국가에서 구별해야 할 것을 명백히 했다. 우선 자연 상태설로부터 출발하여 사회계약의 필요성을 이끌어 냈으나 이것을 해석하는 방법에 따라 절대 군주제 옹호론도 되고 또 주권재민설(主權在民說)도 되었다. 그러나 일반적으로 보아 시민 사회의 방향으로 진행되고 근대 데모크라시가 성장했다. 이렇게 하여 자연법은 영국의 명예혁명(1688)이나 프랑스 대혁명(1789)의 주도적 이론이 되었던 것이다.

계몽사상은 이미 말한 바와 같이 사유(思惟) 방법으로서 경험주의를 취한다. 사물의 본질을 설명함에 있어서 사실을 토대로 하고 귀납적으로 원리를 찾아내려고 한다. 어디까지나 분석과 관찰로부터 원리에 도달하려고 한다. 이성은 경험에 선험하는 것이 아니고 사고의 중개(仲介)로서 존중된 것이다. 따라서 이성과 경험의 대립은 볼 수 없었다.

계몽사상은 우선 영국의 명예혁명 시대에 탄생했다. 명예혁명은 국왕과 의회의 투쟁에 종지부를 찍었다. 그때 발표된 '권리선언'은 인민주권 원리를 주장했다. 그 후 계몽사상은 프랑스에 전해져 앙시앵 레짐〔舊制度〕을 비판하는 이론이 되었다. 또 독일, 기타 유럽 제국에도 퍼졌다. 프랑스에서는 사상운동으로서 전개되었으나 영국에서는 극히 온건한 동향을 보였을 뿐이다. 이것은 상식을 존중하는 영국인의 국민성이라고도 할 수 있으나, 한편 차근차근 개혁이 행해졌기 때문이기도 하다. 즉 영국인은 사회의 모순을 하나하나 정리해 갔으나 프랑스인은 축적해 두었다가 혁명에 의해서 처리한 것이다.

계몽사상의 선구자는 영국의 사상가 존 로크이다. 그는 휘그당 정치가와 관련을 맺고 프랑스와 네덜란드에 망명했다. 그리고 명예혁명 후 귀국하여 혁명의 이론을 세웠다. 즉 국가가 권력을 남용하여 사회계약을 위범(違犯)했을 때는 인민은 혁명적 수단에 의해 자연권을 되찾을 수 있다고 말하였다. 또 《인간오성론》에서는 경험주의의 입장에서 베이컨의 방법론적 인식론을 존중했다.

로크의 인식론은 영국에서 버클리(1655-1753)나 흄(1711-76)에게 계승되었다. 전자는 주관적 관념론을 취하고 후자는 불가지론적(不可知論的) 경험론, 즉 물질도 정신도 모두 초월적 존재는 없다는 의견을 말했다.

프랑스의 계몽주의는 상당히 활발하게 움직였다. 프랑스 절대주의가 난숙기(爛熟期)를 맞이하여 그 모순이 명백히 됨과 동시에 부르조아지의 성장이 현저하게 되었다. 거기에 영국에서 로크의 사상이 흘러 들어와 그것에 촉발되어 계몽사상이 발흥했다.

프랑스 계몽사상의 원천은 두 개가 있다. 그 하나는 데카르트 철학의 합리주의와 기계론을 계승한 것이다. 라 메트리(1709-51), 디드로(1713-84), 돌바크(1723-89) 등의 유물론은 여기서부터 발단하고 있다. 다른 하나는 영국의 경험론 철학이다. 17세기에는 베이컨, 홉즈, 로크가 프랑스에 유학했으나, 18세기가 되자 반대로 볼테르(1694-1778), 몽테스키외(1689-1755), 루소 등이 프랑스에서 영국으로 건너가 그 지식을 배워 오게 되었다. 이상의 두 개의 흐름과 함께 케네(1694-1774)가 창시한 중농주의도 세력을 가졌다. 이것은 단순한 농본사상이 아니라 자유주의 사상에 의한 것이었다. 아담 스미스(1723-90)의 고전파 경제학도 여기서부터 출발하고 있다.

볼테르는 프랑스 계몽사상에 불을 질렀다. 그는 3년 동안의 영국 체재 중 로크의 사상, 뉴턴(1643-1727)의 자연철학 체계 등에 강력한 영향을 받았다. 귀국 후 영국의 정치 체계나 사조를 소개하고 자국의 절대제를 비판하는 글을 썼다. 후반생은 오로지 문필에 전념하고 백과전서파의 일을 열심히 지지했다.

삼권분립론

이어서 몽테스키외가 나왔다. 그는 아카데미 회원으로서 넓은 분야에 걸친 지식을 기르는 한편 유럽 대륙이나 영국에서 정치와 사회에 대해서 연구했다. 그 결과는 《법의 정신》으로서 결실되었다. 종래의 사상가가 정치 이론을 관념적으로 만든 데 대해 인류의 역사적 경험에서 실증적으로 끄집어내려는 점에 그의 새로움이 있었다. 또 몽테스키외는 그 대저에서 정치를 공화제, 군주제, 전제제 등 세 형태로 나누고 전제정치를 강력히 비난 공박했다. 국가 권력도 입법권, 집행권, 사법권 등 삼권으로 나누어 삼권분립론을 주장하였다.

또 몽테스키외 자신은 귀족의 입장에서 절대제를 비판한 데 불과했으나 정치의 자유를 주창한 것에 영향을 받은 부르조아지 사이에서는 현상을 타파하려는 혁신적인 기풍이 일어났다.

18세기 중엽 디드로, 달랑베르(1717-83) 등이 백과사전의 간행 사업을 일으켰다. 그 목적은 지식을 체계화하는 것이었다. 정신주의에 편향하지 않고 자연과학, 산업 따위의 부문이 커다란 자리를 차지했다. 집필자로 볼테르, 루소, 네케르(1732-1804), 중농주의 경제학자인 케네, 튀르고(1727-81), 유물론자인 콩디야크(1715-80), 돌바크 등 많은 사람들이 참가했다.

백과사전이 간행되기 시작한 1750년대는 계몽주의 사상가가 가장 잘 통일되고 있던 시기였다. 그러나 정부의 압박이나 내부 모순 때문에 루소나 달랑베르가 떨어져 나가고, 그 후의 사상계는 볼테르파, 백과전서파, 루소파, 중농학파로 분열되었다. 또 이밖에 콩디야크, 엘베시우스(1715-71)처럼 감각론에 기울어지는 자와 라 메트리, 돌바크, 디드로처럼 기계적 유물론을 신봉하는 유파가 생겼다.

장 자크 루소는 주지주의적인 계몽주의의 경향과 성격을 달리하고 있었다. 그는 어렸을 때부터 기구한 생활을 거듭한 끝에 백과전서파와 접하게 되었던 것이다.《인간 불평등 기원론》,《신 엘로이즈》,《사회계약론》,《에밀》등을 계속 발표하고, 인간은 원시 상태의 시대에 가지고 있던 자유롭고 평등한 자연권을 회복해야 한다고 생각했다.《사회계약론》에서는 인민의 기본적인 권리와 시민으로서의 사회적 의무와의 결부를 논하고 주권재민을 주장하였다.

이 무렵 독일은 여전히 많은 제후국으로 분열된 채 근대적민 시민 사회의 성장이 무척 늦어지고 있었다. 따라서 계몽사상은 시민 계급의 저항을 나타내기보다도 시민의 개인 생활을 합리화하는 원리가 되었다. 그 결과 소위 '통속철학'이 나타났다. 이것은 인간성의 완성과 행복의 실현은 이성, 즉 상식에 따르는 것에 의해 가능하게 된다는 사상이다. 이 사고방식은 18세기 진반 라이프치히의 토마지우스(1655-1728)에 의해서 제창되고, 이윽고 통속철학자들에 의해 계승되었다.

이와 나란히 라이프니츠가 확립한 독일 철학은 그의 제자인 볼프(1679-1754)에 의해 이론이 세워지고 통속화되었다. 볼프는 철저한 합리주의의 입장에서 무신론을 제창하고 철학을 신학에서 분리·독립시키려 했다.

18세기 후반이 되자 겨우 영국의 경험론, 프랑스의 계몽사상 등의 도입이 성행하게 되었다. 이러한 철학을 종합하고 독자적인 형이상학을 만들어 낸 것은 칸트였다.

칸트는 처음에는 볼프 철학에서 출발했다. 그러나 경험론을 배우고 볼프를 넘어 한 걸음 더 나아가 계몽사상의 오성주의에서 탈피하여 새로운 이성주의를 수립했다. 《순수이성비판》에서는 객관적인 실재로서의 '물자체(物自體)'를 상정하고 주관과 객관의 관계를 설명했다. 종래의 철학에서는 주관[認識]이 객관[對象]에 의존한다고 본 것에 대해 객관은 선험적 인식에 의존하고 또 인식의 주체는 자아이며 자아는 실천의 주체이기도 하다는 것이다. 이어서《실천이성비판》에서는 전자아(全自我)의 통일자로서 실천이성을 세우고, 이에 근거를 두고 보편적인 도덕률을 이끌어 낼 수 있다고 생각했다. 인간이 자유의지에 따라 이 도덕률을 따르는 곳에서 참다운 자유와 인격과 의무의 관념이 생긴다는 것이다. 칸트는 또 태양계의 형성을 논하기도 하고 국제 협력 체제에 의한 영구적인 평화를 말하기도 했다.

유럽이 계몽사상에 물듦과 동시에 이성도덕의 입장에서 기독교를 해석하려는 움직임이 발생한 것도 간과할 수 없다. 레싱(1729-81)은 신의 계시를 역사에 있어서의 인류의 교육으로 생각하고 관용과 인도를 존중하여 인류의 진보를 약속했다.

17세기의 절대군주는 중상주의 정책을 채용했다. 그러나 18세기 중엽부터 차츰 이것은 막다른 골목을 보이기 시작했다. 이 정세에 대응하여 프랑스와 케네, 튀르그 등의 중농학파가 나타났다. 케네는 과학적 경제학의 창시자이기도 하다. 《경제표》를 저술해서 단순재생산과 그 유통 과정을 분석했다.

이어서 영국의 산업혁명과 같은 무렵에 아담 스미스의 《국부론》이 씌어졌다. 스미드는 중상주의, 중농주의로부터 탈각하려고 시도했다. 부(富)는 노동의 소산이며 분업에 의해 생산력의 증가를 기도할 수 있다고 생각했다. 또 개인이 저마다 그 이익을 추구하면 자연히 경제면의 조화가 유지된다고 말했다.

역사학의 분야에서도 자연과학의 발전의 영향을 받아 과학적인 견해가 이루어졌다. 프랑스의 마비용(1632-1707), 독일의 라이프니츠, 이탈리아의 무라토리(1672-1750), 비코 (1668-1744) 등이 중세사의 연구에 관여했다.

계몽주의측에서는 중세의 역사는 이성의 입장에 반한다고 하여 부정했다. 그리고 문화사, 사회사 등을 취하고 역사학 의 분야를 넓혔다. 볼테르의 《루이 14세 시대사》, 흄의 《대 영제국사》, 독일의 헤르더 (1744-1803)의 《인류사의 철학적 고찰》 등이 중요한 업적으로서 남아 있다.

슈투름 운트 드랑

다음으로 문학의 분야를 보기로 하자. 18세기의 문학은 이 성지상주의의 표현으로서 주지적 경향이나 교훈적 색채를 띠고 비평정신이 왕성했다. 영국의 다니엘 디포(1660-1731) 의 《로빈슨 크루소》는 이러한 동향을 잘 나타내고 있다. 프 랑스에서도 프레보(1697-1763)의 《마농 레스코》 같은 연애 이야기가 쓰여지고 로망주의의 종조가 일어났다. 그러나 영 국 및 프랑스의 문학은 이미 황금시대를 지난 듯한 감이 있 었다.

이에 반해 독일은 프랑스 대혁명을 문학상에서 치룬 듯한 화려한 개화를 보였다. 그 중에서도 레싱은 독일 국민 문학 이 탄생되도록 한 사람으로 알려져 있다. 레싱은 《함부르크 희곡론》에서 예술론을 전개했을 뿐만 아니라 〈에밀리아 갈 로티〉, 〈현자 나탄〉 등의 비극을 썼다.

또 70년대부터 80년대에 걸쳐 '슈투름 운트 드랑〔疾風怒 濤 時代〕'의 운동이 일어났다. 이 운동은 계몽사상을 이어받 아 정치적 표어를 내세우고 있으나, 그 내용은 사회 변혁을 목표로 하는 것이 아니고 개성의 해방을 목적으로 하고 있었다. 이 운동의 중심이 된 것은 청년 시대의 괴테(1749-1832)나 실러 (1759-1805)이다. 특히 괴테의 《젊은 베르테르의 슬픔》은 청년층의 열광적인 반향을 불러일으켰다.

미국의 독립

18세기 후반에 두 개의 커다란 사건이 발생했다. 미국의 독립전쟁과 프랑스 대혁명이다. 어느 쪽이나 당시의 사조가 흘러 들어간 커다란 소용돌이라고 할 수 있다.

독립전쟁은 데모크라시 사상과 불가분의 관계에 있다. 17세기 초 영국의 청교도들은 자국의 국교의 속박에서 벗어나 이 신세계로 건너왔다. 그들은 신 앞에서는 완전히 평등이었다. 그 후 몇 번인가의 식민이 행해졌고 열 세 개의 영령(英領) 식민지가 생겼다. 그리고 식민지 의회에 의한 지방자치제가 이루어졌다. 종교적으로도 본국의 간섭을 벗어나고 있었다. 그러나 영국 본국은 중상주의 정책을 식민지에 적용하여 다액의 관세를 부과하게 되었다. 1775년에 인지법(印紙法)과 이에 따르는 수입세가 부과되자 드디어 본국과의 선전이 포고되었다. 그리고 1781년까지 전쟁이 계속된 후 독립을 획득할 수 있었다. 독립전쟁의 정신은 1774년 7월 4일의 대륙회의에서 채택된 〈독립선언〉 속에 집약되어 있다. 기초자는 토머스 제퍼슨(1743-1826)이었다고 한다. 선언은 세 부분으로 나눠져 있고, 처음에 독립의 이론적 근거로서 생명, 자유 및 행복 추구의 권리가 구가되고 있다. 말하자면 로크의 계약사상을 구체화한 것이라고 할 수 있다.

독립 후는 통일정부의 설립이 긴요해졌다. 1787년 전연방회의가 열려 협의를 거듭한 끝에 신헌법이 생겼다. 이에 따라 미국은 연방국가가 되고 삼권분립의 정치기구가 만들어진 것이다. 연방국가가 발족한 것은 1788년으로서, 워싱턴(1732-99)이 초대 대통령으로 선출되었다. 또 1791년 〈권리헌장〉이 성립됐다. 이것은 신앙, 언론, 출판, 집회의 자유를 보증하며 동시에 아무도 생명, 자유, 재산을 침해받지 않는다는 것을 명시하고 있다.

프랑스 대혁명

프랑스에서는 국왕 밑에 성직자와 귀족의 계층이 있어, 그들은 부르조아지, 농민, 초기 프롤레타리아트 등을 포함하는 제3신분과는 엄중히 구별되고 있었다. 이것은 앙시앵 레짐[舊制度]이라고 불리고 있었다. 이 구제도를 유지하려는 보수 세력과 이것을 무너뜨리려는 혁신 세력과의 항쟁은 서서히 치열해졌다. 그리고 삼부회, 국민의회의 개회를 거쳐 드디어 혁명이 폭발되었다.

그 제1기는 1789년 7월 14일의 바스티유 감옥 공격에서 입법의회 성립까지다. 1789년 8월 〈인권선언〉이 결정되었다. 〈인권선언〉은 자연법 사상에 근거를 두고 자유, 평등을 주장한 것으로서 기본적 인권, 인민주권, 소유권의 확립을 기술하고 있다.

제2기는 프러시아·오스트리아 연합군과의 개전 기간 중 자코뱅당의 독재정권 수립까지의 시기다. 1793년에 루이 16세(1754-93)가 처형되고 공화정치가 시행되었다. 그러나 자코뱅당의 공포정치에 반대하는 사람들이 테르미도르 9일의 쿠데타를 일으켰다.

그 후 공화정치는 일시 안정되는 것처럼 보였으나 나폴레옹(1769-1821)이 대두하여 독재 정치를 수립, 그가 실각할 때까지 어지러운 사회 변동이 계속되었다. 이것이 제3기다. 프랑스는 이 시기를 통해 부르조아 민주주의 혁명을 달성했다. 나폴레옹 치하에서는 1804년에 《나폴레옹 법전》이 완성되었다. 이것은 개인주의, 자유주의의 원리를 인정하고 사유재산의 존중, 계약의 자유를 보증하고 있다. 그러나 가족제도에 대해서는 반동적이었다. 이 《나폴레옹 법전》은 또 각국의 헌법에 영향을 미치고 있다.

인간과 사상

예를 들면 수렵 혹은 목축을 경영하는 종족에 있어서 어느 특정한 자는 다른 자보다도 훨씬 쉽게 또 교묘하게 화살을 만든다. 그 사람은 가끔 다른 동료에게 그 화살을 주고 가축 또는 사슴의 고기와 교환한다. 그리하여 드디어 그는 들에 나가 사냥을 하느니보다 이 방법으로 보다 많은 가축과 사슴의 고기를 입수할 수 있음을 알게된다. 그래서 그 자신의 이익이라는 점에서 화살을 만드는 것이 그의 중요한 일이 되어 버린다.

모든 분별 있는 가장(家長)은 사는 것보다 만드는 편이 더 비싼 물건을 집에서 만들려고는 결코 하지 않는다는 금언(金言)이 있다.

― 모든 개개의 가족에 있어서 분별 있는 행위는 대왕국의 행위로서 우행(愚行)일 수는 거의 없을 것이다. 만약 어떤 외국이 어떤 상품을 우리 자신이 만드는 것보다 싼 값으로 공급할 수가 있다면 어떻겠는가? 어떤 편리한 방법으로서 우리 자신의 생산품의 어느 부분으로 그것을 사는 것이 유리하다.

스미스[1]의 《국부론》

스미스의 이런 사고방식은 자유무역이며, 영국에서도 어느 시기에 이 이론에 의거하여 자유무역을 국책으로서 채용하였다. 관세(關稅) 기타의 방법으로 어느 특정의 산업을 보호할 필요는 없다. 첫째, 그 산업의 생산물이 외국의 그것보다 싸든가, 혹은 같은 값이라면 보호 장려할 필요가 없다. 둘째, 그 생산물을 외국에서 더 싸게 구할 수 있을 경우에는 보호 장려는 확실히 유해하다. 동액의 자본을 들인다면 싼 외국 생산물을 사는 편이 이득이기 때문이다.

스미스의 사고방식을 일관하는 근본 사상을 기술한 것은 《도덕정서론》이다. 우주의 체계를 관리하거나 인간의 행복을 도모하는 것은 신의 일이며 인간의 일이 아니다. 인간은 그보다 훨씬 작은 부분을 담당하고 있다. 자기의 행복, 가족의 행복, 우인(友人)의 행복, 국가의 행복을 도모하는 것이

---

1) 스미스(Adam Smith, 1723-90), 영국의 고전파 경제학의 창시자. 스코틀랜드 태생. 글래스고 대학에서 허치슨(감정주의, 도덕철학의 확립자)에게 사사. 이어서 옥스포드 대학에서 공부했다. 에딘버러 및 글래스고 대학에서 도덕철학을 강의하다가 1764년 도불, 케네(중농파 경제학자) 등과 사귀고 1766년 귀국, 이후 경제학의 저작에 몰두했다. 1787년 글래스고 대학 학장에 취임. 주저《도덕정서론》,《국부론》등이 있다.

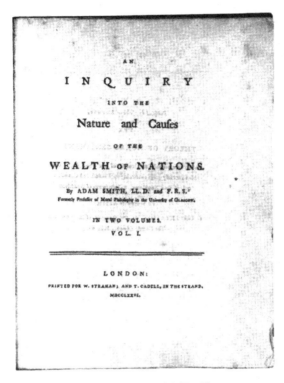

1776년 런던에서 간행된 《국부론》

인간의 능력에 주어진 일이다. 그러나 인간은 자기를 위하여
도모하는 것을 통해 신의 질서를 실현할 수 있다. 인간을 움
직이는 것은 이기심이지만 그 결과는 정의의 원칙에 부합되
는 것이다. 왜냐하면 인간은 '보이지 않는 손'(신과 같은 뜻
이다)에 의해서 자연의 체계에 참가할 수 있기 때문이다. 자
연과 인간은 조화를 이루고 있기 때문이다. 이 사고방식은
《국부론》의 토대가 되고 있다. 또한 《국부론》이 분업론으로

시작되고 있는 것도 잊어서는 안 된다. 혼자서 만들면 하루 20개는 고사하고 한 개도 만들 수 없는 핀을 분업에 의하면 1인당 4천 8백 개를 만들 수 있다는 유명한 예가 소개되고 있다. 이만큼의 이익을 가져오는 분업은 사회 일반의 부를 목적으로 하는 데서 나온 것이 아니고 보다 더 다른 원인에서 차츰 만들어진 것이다. 그것은 하나의 물건을 다른 것과 흥정하고 교역하고 교환한다는 인간의 자연적 경향이다. 즉 교환 본능이 분업이라는 결과를 가져온 것이다.

어떤 행위든지간에 그 행위가 그것과 관계가 있는 당사자의 행복을 증진시키는가 혹은 감퇴시키는가, 또는 다른 표현을 빌면 그 행복을 촉진시키는가 아니면 저지시키는가, 그 어느 쪽으로 보이는가에 따라 그 행위를 혹은 승인하고 혹은 부인하는 원리 — 이것이 공리성의 원리의 의미이다. 나는 지금 어떤 행위든지간에라고 말했다. 즉 그것은 단순히 개개인의 행위만이 아니라 정부의 모든 정책까지도 포함하고 있기 때문이다.

벤담[2]의 《도덕 및 입법의 원리 서론》

'최대 다수의 최대 행복' 이라는 것은 벤담의 공리주의의

---

2) 벤담 (Jeremy Bentham, 1748-1832). 영국의 법학자, 철학자. 런던에서 태어났다. 옥스포드 대학에서 법률을 전공, 부친의 업을 계승하여 변호사가 됐다. 부친의 사후, 풍부한 유산을 받아 학문 연구에 몰두하고 일생을 독신으로 보냈다. 경험주의 철학의 영향을 받았으나 '최대 다수의 최대 행복' 을 입법 및 행정의 기본 원리로 하였기 때문에 공리주의자라고 불린다. 이 원리를 실현하기 위해 개인주의, 자유방임주의를 주장했다. 저서에 《통치소론》, 《도덕 및 입법의 원리 서론》 등이 있다.

벤담은 도덕철학의 모델로서 그 당시 독재를 생각했다.

본질이다. 공리성이라는 말은 행복이라는 말만큼 쾌락과 고통의 관념을 확실히 나타내는 것은 아니다. 공리성은 행복혹은 쾌락과는 상당히 다르다. 이것을 벤담은 다음과 같이 말하고 있다. "공리성이란 그 이해를 갖는 당사자에 대해서 은혜, 이익, 쾌락, 선, 행복을 낳게 하는 경향을 말한다. 그리고 죄악, 고통, 박해, 불행을 막아 내는 경향을 의미한다."

벤담은 인간의 행동이 쾌락과 고통의 이심(二心)의 주권자에게 지배되고 있음을 지적했다. 평범한 인간은 이 점을 충분히 자각하지 못한다. 또 자각하더라도 쾌락을 구하는 것에 대해서 뭣인지 뒤가 켕기는 기분에서 쾌락은 선이라고 주징할 용기를 갖지 못한다. 거기에 대해서 벤담은 쾌락에 윤리적인 거점을 부여한 것이다. 쾌락의 양을 생각하고 그 정도를 계량(計量)하여 이것을 될 수 있는 대로 많은 인간에게 분배하려고 생각한 것이다.

이밖에 쾌락에 대해서는 그리스의 쾌락론이 몇 개 있으나 그것은 개인 본위의 것이며, 현인(賢人)이 되고 우정을 즐긴다는 것이 이상으로 되어 있다. 이에 반해 근대의 쾌락주의는 타인의 행복이 자기의 행복을 위한 수단이라고 생각하는 점에 특색이 있다. 행복을 독점하지 않고 사회 전체에 분배하지 않으면 안 된다는 주장이다. 이것은 기술의 발달이 물질생활의 향상을 가져왔고 고대 사회처럼 왕후나 귀족만이 독점하지 않아도 되게 되었기 때문이다. 동시에 휴머니즘의 발전으로 보아도 좋으리라.

인구의 증가력은 지상에 있어서의 인간의 생활 자재를 낳는 힘보

다 한없이 크다. 인구는 억제당하지 않는 한 기하급수적으로 증가한
다. 생활 자재는 다만 산술급수적으로 증가하는 데 불과하다. 수의
지식이 조금이라도 있다면 후자에 비해 전자의 힘이 훨씬 큰 것을 알
수 있을 것이다.

맬서스[3]의 《인구론》

인구의 증가는 1 · 2 · 4 · 8 · 16으로 증가해 가지만, 식량
기타의 물자는 1 · 2 · 3 · 4 · 5로 증가한다. 1 · 2까지는 균형
이 잡혀 있지만 3부터는 부족하고 앞으로 가면 갈수록 그 차
이는 심해진다. 따라서 인구의 조절이라는 것이 아무래도 필
요하게 된다. 도덕에 의한 억제로서 금욕하고 결혼을 늦춰야
만 된다는 것이 결론이다. 이에 대해서는 많은 반대와 조소
가 퍼부어졌다. 천연(天然)과 노예 제도와 아이를 죽이는 것
으로써 인구의 감퇴를 변호한다는 것은 괘씸한 짓이다 등등.
나중에 사회주의자도 이 생각에 강경히 반대했다. 부르조아
지만이 결혼의 즐거움을 가질 수 있고 프롤레타리아트는 결
혼을 늦춰야 한다는 것은 휴머니즘에도 어긋난다는 것이다.
그러나 최근에는 중국 등지에서도 맬더스의 인구 조절이라

3) 맬서스(Thomas Robert Malthus, 1766-1834), 영국의 고전파 경제학자.
사리 주의 도킹 근처에서 탄생하여 케임브리지 대학을 졸업, 목사가 됐
다. 1798년 《인구론(人口論)》을 익명으로 발표했다. 후에 유럽 각지를 여
행하며 자료를 수집, 1803년 증정판(增訂版)을 발행. 그 이론은 인구는
기하급수[等比級數]적으로 증가하지만 생산물은 산술급수[等差級數]적
증가밖에 하지 못하므로 사회 변혁은 이상 사회를 가져오지 못한다는 것
이다. 1805년 이래 죽을 때까지 헤일리베리의 동인도회사 부속 대학에서
사학과 경제학을 강의했다. 1820년 《경제학 원리》를 발표, 지대론, 가치
이론, 수확체감의 법칙을 설명하고 리카도를 비판했다.

는 사고방식을 채택하여 인구 조절을 실행하고 있다.

　같은 인간의 손에, 혹은 같은 집정관의 손에 입법권과 집행권이 함께 쥐어지는 경우에는 자유는 존재하지 않는다. 왜냐하면 같은 군주 혹은 같은 원로원이 폭정적인 법을 만들고, 그것을 폭정적으로 집행할 위험이 있기 때문이다. 또 재판권이 입법권 및 집행권으로 서로 분리되어 있지 않는 경우에도 자유는 존재하지 않는다. 만약 재판권과 입법권이 결합하면 시민의 생명 및 시민의 자유에 대해 권력이 자의적인 것이 될 것이다. 그것은 재판관이 입법자가 되기 때문이다. 또 만약 재판권과 집행권이 결합하면 재판관은 압제자로서의 권력도 갖게 될 것이다.

　만약 일단의 같은 인간 혹은 고관이나 귀족이나 인민이 이들 세 가지의 권력, 즉 입법의 권력, 공공연한 장소에서 이루어진 의결을 집행하는 권력, 범죄 및 개인의 싸움이나 소송을 재판하는 권력을 행사한다면 모든 것은 상실되어 버리리라.

몽테스키외[4]

이것은 몽테스키외의 권력분립론의 공식이다. 이 공식은 근대 국가의 정치 조직 중에서 가장 중요한 것으로 생각되고

---

4) 몽테스키외(Charles Louis de Secondat Montesquieu, 1689-1755), 프랑스 계몽기의 사상가, 법학자. 보르도에 가까운 라 브레드 태생. 보르도 고등 법원 판사, 법원장 역임. 1721년 《페르시아인의 편지》를 저술하여 유명해졌다. 1728년부터 유럽 각지를 여행, 영국에 가서 인간 및 정치의 조직 · 제도를 연구, 1734년 귀국하여 《로마인 성쇠 원인론》을, 1748년 《법의 정신》을 공표했다. 후자는 삼권분립을 주장, 전제 정치를 배격하고 공화 정치 체제를 설파하고 있다. 파리에서 병사했다.

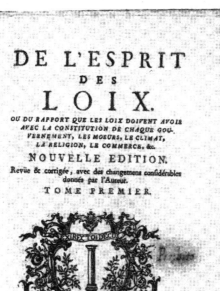

DE L'ESPRIT

D E S

L O I X.

OU DU RAPPORT QUE LES LOIX DOIVENT AVOIR
AVEC LA CONSTITUTION DE CHAQUE GOU-
VERNEMENT, LES MOEURS, LE CLIMAT,
LA RELIGION, LE COMMERCE, &c.

NOUVELLE EDITION.

Revûe & corrigée, avec des changemens confidérables
donnés par l'Auteur.

TOME PREMIER.

A GENEVE,
Chez **BARRILLOT** & **FILS.**
MDCCXLIX.

1749면 제네바에서 간행된 《법의 정신》

있다. 그리스의 역사가 폴리비오스(기원전 203?-120)는 로마의 공화제에 대해서 논하고 집행관은 군주제, 원로원은 귀족제, 민회는 민주제의 요소를 가지고 있기 때문에 가장 이상적인 정치 형태라고 보았다. 여기에서도 삼권분립의 사상이 보인다. 후에 영국의 로크는《정부론》가운데서, 입법권, 집행권, 동맹권의 삼권분립을 주장했다. 영국에서는 사법과 행정법의 구별이 없고 집행과 사법의 구별도 없었다.

삼권분립의 사상이 구체화된 것은 1789년 프랑스 혁명의 인권선언인데, 이 선언 제16조에서는 "권리의 보증이 없고 권력의 분립이 이루어지지 않은 모든 사회는 헌법을 갖지 않은 것이다"라고 주장되고 있다. 1791년에 생긴 헌법에서는 입법권은 국민의회에게, 집행권은 국왕에게, 사법권은 재판관에게 일임하게 되었다. 그 후 약간의 변동이 있었으나 이 정신이 계승되고 1938년의 제4공화국 헌법에서는 입법, 집행, 사법의 삼권이 분리되고 독립하여 서로 견제하며 균형을 보존하고 있다. 이밖에 몽테스키외의 이론은 독립된 지 얼마 안 되는 미국에 가장 큰 영향을 미쳐 삼권분립의 헌법이 실시되었다.

주권자와 국민은 대지가 부(富)의 오직 하나의 원천이라는 것, 부를 증가시키는 것은 농업이라는 것을 결코 잊어서는 안 된다. 왜냐하면 부의 증가는 인구의 증가를 보증하는데 사람과 부는 농업을 성행시키고 상업을 확대시키고 공업을 활기 있게 만들어 부를 증진시키며 영속시키기 때문이다. 이 풍부한 원천에 국정의 모든 부분의 성공이 걸려 있다.

《경제표》는 완전히 독창적인 고안에 의한 것이었다. 문자, 화폐에 이은 커다란 발명이라고까지 칭찬받았다. 지출의 종류를 생산적 지출(농업 따위), 소득의 지출, 불생산적 지출(공업 따위) 등 세 가지로 나누고 다시 지출의 자원, 지출의 투자, 지출의 분배, 지출의 결과, 지출의 재생산, 지출 상호의 관계, 지출과 인구와의 관계, 농업과의 관계, 공업과의 관계, 상업과의 관계, 일국의 부의 총액과의 관계를 합쳐서 12 항목으로 나누어 숫자표로 만들었다. 일국의 경제 상황을 일목요연하게 볼 수 있다. 이러한 연구를 하게 된 것은 아마 왕실의 경제를 돌보고 있었기 때문이리라. 중농주의자였기 때문에 오늘날 생각해 보면 기묘하게 생각될 정도로 토지의 생산력을 중요시하고 있었다.

우리의 눈은 가령 상당히 잘 보이고 있을 때에도 늘 우리들을 속이고 있다. 그러나 귀는 속이지 않는다. 이것은 재미있는 현상이 아닌가? 민감한 당신의 귀가 "당신은 아름답군요, 나는 당신을 사랑합

---

5) 케네(Francois Quesnay, 1694-1774), 프랑스의 중농주의 경제학의 창시자. 외과의. 퐁파두르 후작 부인의 시의로서 왕궁에 들어가 후에 루이15세의 시의가 되었다. 경제학자로서는 중상주의를 비판하고 농업을 중요시하는 입장을 취했다. 이 학설은 제자 중 한 사람인 미라보 백작 등의 협력을 얻어 정치적으로도 세력을 얻었다. 이 학파를 중농학파라고 한다. 그는 상공업에 억눌리고 있던 농업의 부활의 필요를 설파하고 세제(稅制)의 개혁과 농산물 수출의 자유를 주장했다. 그것을 도식화한 것이 《경제표》이다. 또 자연의 질서를 절대시하여 스미스를 시조로 하는 고전경제학의 선구자가 되었다.

니다" 어쩌고 하는 소리를 들었으면, 누가 "당신은 얼굴이 밉기 때문에 싫습니다" 하지 않는 것만은 확실하다. 그러나 당신은 거울이 평평하다고 생각하고 있지만, 막상 거울을 향해 보면 속고 있음을 알 수 있을 것이다. 그 면은 사실은 무척 우툴두툴하기 때문이다. 태양은 직경 2피트쯤으로 보인다. 그러나 실제는 태양은 지구의 백만 배나 된다고 증명되고 있다.

신은 당신의 귀에 진리를, 눈에는 오류를 넣어 둔 것처럼 생각된다. 하지만 광학을 배워 보라. 신은 당신을 속이지 않는 것이다. 물체는 현재 당신이 보고 있는 대로 보이는 길 이외에는 방법이 없음을 알게 될 것이다.

태양이나 달은 떠오르지만 지구는 움직이지 않는다. 이것은 자연에 대한 편견이다. 그러나 가재는 구우면 빨갛게 되니까 피에 좋다, 뱀장어는 뛰기 때문에 중풍에 효과가 있다, 어느 날 환자의 열이 달이 동그랗게 될 동안에 높아진 것이 인정되었기 때문에 달은 인간의 질병과 관계가 있다고 하는 따위는 이밖에도 수없이 많지만, 그것은 판단에 분별도 없고 또 자신이 속은 것에 대한 복수로 속이는 고대 요술쟁이들의 틀린 사고방식이다.

볼테르[6]의 《철학사전》

볼테르는 우인·지기에게 많은 편지를 보냈다. 《철학사전》은 그 편지를 기초로 하여 정리한 것이다. 세간에서 상용되고 있는 틀린 사고방식이나 어리석은 습관을 이성의 입장에 서서 날카롭게 풍자한 것이다. 〈기도〉, 〈기만〉, 〈학정〉, 〈극단〉, 〈기독교〉 등 모든 제목이 들어 있다. 최후의 항목에

볼테르의 초상

서는 기독교의 발생과 역사를 서술하고 프란시스코 자비에르에 관한 것과 일본 기독교도들이 탄압받던 일도 쓰고 있다. 생생한 필치로서 오늘날의 잡지 권두문을 읽는 느낌이 든다. 볼테르의 일관된 주장은 분별 있는 판단이다. 눈과 귀의 예나 태양과 지구의 관계를 논한 문장도 같은 의미에서 씌어진 것이다.

인간이 동물에 지나지 않는 것 및 용수철의 집합에 불과한 것을 증명하기 위해 이 이상 설명할 필요가 있을까? 이 용수철은 모조리 서로 말려 있기 때문에 자연이 인간이라는 동그라미의 어디에 처음으로 손을 댔는지는 설명할 수 없다. 이것도 이 이상 증명할 필요가 있을까? 가령 이들 용수철이 서로 다르더라도, 그것은 그것이 놓인 장소와 힘의 정도의 얼마간의 차이에 불과한 것이며 결코 본질의 상이는 아니다. 따라서 영혼은 운동의 원동력 내지 뇌수 가운데 지각력을 가진 물질적인 일부분에 불과하다. 이것은 틀림없이 기계 전체의 주요한 용수철로 간주할 수가 있다.

---

6) 볼테르(Voltaire, 1694-1778), 본명 François Marie Arouet. 프랑스의 문학가, 철학자, 역사가. 대표적인 계몽사상가. 공증인의 아들로서 파리에서 태어났다. 젊었을 때부터 사교계에 드나들고 시작에 몰두했다. 섭정을 풍자한 혐의와 귀족과의 분쟁 때문에 두 번 투옥당했다. 영국에 가서 그 문물, 제도에 공명, 귀불 후 과학, 역사, 창작에 착수했다. 그러나 당국의 반감을 사서 애인 샤트레이 후작 부인 집에 숨어 부인이 죽을 때까지 풍족한 생활을 보냈다. 후에 프러시아의 프리드리히 대왕에게 초빙되어 궁정의 빈객이 되었으나 왕과 감정적인 갈등이 생겼다. 1755년 이후는 제네바와 그 근교에 정착하여 유유자적한 생활을 하년서 수많은 소책자를 저술하였다. 주저는 《영국 기행》, 《인간론》, 《캉디드》, 《역사철학》. 철학적 입장은 이성론과 감각주의를, 종교상으로는 이상론과 자연종교를 채택했다. 문재(文才)는 반드시 훌륭하지는 않았으나 풍자의 재능은 뛰어났다.

볼테르는 라 메트리에 대한 논쟁을 취급한 일문(一文)을 쓰고 있다. 이국 땅에서 죽은 라 메트리가 기독교도로서 죽었는가, 아니면 의사로서 죽었는가 하는 논쟁이 행해지고 있었던 것이다. 그의 유해는 카톨릭교회에 옮겨졌으나 이 논쟁을 안다면 몹시 놀랄 것이라는 게 볼테르의 의견이었다. 라 메트리는 의사로서 죽었던 것이다. 의사로서라는 것은 유물론자로서라는 의미에 가깝다.

인간이 동물이라는 것은 오늘날에는 아무것도 아니지만 다윈의 진화론이 나왔을 때에도 교회와 보수주의자들로부터 무척 공격을 받았다. 또 인간의 정신이나 육체의 활동이 시계의 용수철과 마찬가지라고 한 것은 당시 시계가 가장 정밀한 기계로 생각되고 있었기 때문이다. 《인간기계론》은 인간을 다른 동물이나 기계와 구별하여 무엇인가 특별한 것인 것처럼 생각하는 사상을 깨뜨리는 데 크게 도움이 되었다. 오늘날에도 유물론이라면 인간의 정신 활동을 존중하지 않는 사고방식인 것처럼 오해되고 비난당하는 일이 적지 않다. 라 메트리는 이렇게 말한다. "기계라는 것, 느낌, 생각, 선과 악

---

7) 라 메트리(Julien Offroy de La Mettrie, 1709-51), 프랑스 계몽주의 의학자, 철학자. 생 말로 시 태생. 처음에 신학을 배우고 나중에 라이덴 대학에서 의학을 공부했다. 군의(軍醫)의 체험에서 유물론적 견해를 취하여 《영혼의 자연사》를 쓰고 종교가 등으로부터 박해를 받고 네덜란드로 망명, 또 《인간기계론》을 썼기 때문에 여기서도 추방당했다. 그러나 프러시아의 프리드리히 대왕에게 초빙되어 시강을 하는 한편 학사원 회원이 되고 이곳에서 객사했다. 그는 인간을 한 개의 정교한 자동기계로 보고 정신 활동까지도 기계적 합리성으로 설명하고 있다.

의 구별을 알고 또 푸른 것과 노란 것을 분간하는 것, 한마디로 말하면 이성과 도덕에 대한 확실한 본능을 가지고 태어나고 있는 것 그리고 동물에 불과하다는 것은 조금도 모순되는 것이 아니다."

　모든 사회 가운데 가장 오래되고 그러면서 오직 하나 자연스러운 것은 가족이라는 사회이다. 그러나 아이들이 부친과 연결되어 있는 것은 자신의 보존을 위해서 부친이 필요한 동안뿐이다. 이 필요가 없어지자마자 이 자연의 연결은 해소된다. 즉 아이들은 부친에게 복종할 의무를 벗어나고 부친은 아이들을 돌볼 의무를 벗어나서, 양자는 다 함께 다시 독립된 존재가 된다. 만약 그들이 여전히 결합되어 있다 하더라도 그것은 이미 자연에 의한 것은 아니며 의지에 의한 것이다. 그러므로 가족 그 자체는 약속에 의해서만 유지되고 있는 것이다.

─ 루소[8]의 《사회계약론》

---

8) 루소(Jean Jacques Rouasseau, 1712-78), 프랑스의 천재적 사상가, 예술가. 제네바 태생. 낳자마자 곧 모친을 여의고 10세 때 부친도 별세. 감수성이 강하고 상식적인 생활을 싫어하여 기구한 방랑 생활을 했다. 사보이령인 앙시에서 바랑스 부인의 신세를 지고 깊은 교양을 받았다. 후에 파리에 나와 디드로와 사귀고 무식한 여인 테레스와 동거 생활을 했다. 1749년 아카데미의 현상 논문 〈예술 및 학문에 대해서〉가 당선, 일약 문명을 떨쳤다. 이어서 〈인간 불평등 기원론〉을 냈으나 이것은 낙선했다. 콩데 공의 몽 루이 별장에 기우(寄寓)하는 수년 동안에 《신엘로이즈》, 《사회계약론》, 《에밀》 등 대표적인 저작을 정리했다. 그러나 부도덕하다는 지탄을 받고 베른령, 프러시아령을 전전하며 피해 다녔다. 1766년 흄에게 초대되어 도영, 《참회록》의 원고를 기초했다. 여기서도 흄과 다투고 이듬해 귀국했다. 여러 곳을 편력하면서 《참회록》을 완성. 1970년에 테레스와 결혼했지만 아이들은 다섯 명 모두 수도원에 넣었다. 18세기의 계몽사상을 19세기의 로맨티시즘으로 전환시킨 사람이다.

《사회계약론》은 인민의 기본적인 권리와 사회적인 의무가 어떤 방법으로 결합되는가를 논한 것이다. 사회, 즉 국가는 공동의 이익을 지향하는 '일반의지' 밑에 인민이 계약을 할 때 성립하는 것이다. '일반의지'는 주권을 지도하고 법률이 되어 활동한다. 정부는 주권으로부터 집행권을 위임받

《사회계약론》의 삽화

고 있는 데 불과하다. 주권은 인민에게 있다. 그러므로 정부가 '일반의지'로부터 벗어날 때에는 인민은 정부를 바꿀 수도, 또 국가 그 자체를 개조할 수도 있다. 이 사고방식은 로크나 몽테스키외로부터도 영향을 받았다. 근대 민주주의의 근본을 이루는 사고방식이다. 프랑스에서는 이 사고방식에 근거를 두고 혁명이 일어났다. 자유민권 운동을 시작한 한국의 지식인들도 루소의 사고방식을 자주 소개했다.

여기에 인용한 부분은 《사회계약론》의 서두이다. 인간은 자유스러운 존재로 탄생되었는데도 불구하고 왜 쇠줄[鎖]에 얽매어 있는가라는 주제를 제출하고 가족이라는 사회를 생

각해 본 것이다. 가족은 사회의 최초의 모델이다. 지배자는 부친과 흡사하고 인민은 아이들과 흡사하다. 양자 모두 평등하고 자유롭게 탄생한 것이므로 자기에게 유리하지 않으면 그 자유를 양도하지 않는다. 다만 상이한 것은 가족의 경우 부친은 아이들에게 애정을 품고 있기 때문에 그들을 돌보는 것을 오히려 기뻐하지만, 국가의 경우에는 지배자는 인민에 대해서 애정을 갖지 않으므로 지배하는 기쁨이 있을 뿐이다.

당시 국가의 성립에 대해서는 '복종계약설'이라는 사고방식이 유행하고 있었다. 자연 상태 아래에서 인간은 사교성을 가지고 있으므로, 그 길과 권력을 장악하고 지배를 하는 자가 등장한다. 그 정치가 절대화하여 영원한 것이 되어 버린다. 이 지배자와 인민 사이의 계약을 주장하는 것이 '복종계약설'이다. 루소는 이에 대하여 개개인이 결합하는 것이므로 그들이 주권자이며 또 국민이 되는 것이라고 생각했다. 당시 계약이라는 사고방식이 널리 퍼지고 있었는데, 루소는 그것을 이용하여 사회계약을 주장한 것이다.

미개인의 생활은 무척 단순하지만 우리들의 사회는 몹시 복잡한 기계다. 타히티인은 세계의 기원에 접근하고 유럽인은 세계의 노쇠기에 접근하고 있다. 타히티인과 우리들의 거리는 갓난 어린애와 노인과의 거리보다도 크다. 타히티인은 우리들의 풍속, 습관이나 법률을 전혀 이해하지 못하거나, 혹은 인간을 속박하는 것이 여러 가지로 그 모습을 바꾸고 있는 데 불과하다고 생각하고 있는지도 모른다. 이러한 속박은 많은 감정 가운데서도 특히 자유라는 감정을 가장 귀하다고 생각하고 있는 인간으로부터 분격이나 경멸을 불러내는 게 고작이다.

디드로[9]의 《부갱비유 항해기 보유(航海記 補遺)》

《부갱비유 항해기 보유》는 부갱비유가 1766년부터 69년에
걸쳐 행한 탐험 여행의 기록 《세계일주기》(1771)에 대해서
쓴 것이다. 이 책을 이용하면서 자기의 유토피아관을 말하고
있다. 당시의 유럽에서는 산업혁명이나 프랑스 대혁명을 준
비하는 사회적 모순이 싹트기 시작하고 있었다. 유럽의 자기
비판으로서 '선량한 미개인'이라는 사고방식이 퍼졌다. 루
소가 "자연으로 돌아가라"고 말한 것도 이와 같은 동기에서
나온 것이리라. 문명의 해독을 받지 않은 자연의 법칙에 따
라 사는 인간이 동경의 표적이 된 것이다. 인류의 문명 이전
에 대한 찬미가 공간에 옮겨져 미개인에 대한 동경이 된 것
이다. 나중에 후기 인상파의 화가 고갱이 19세기 말부터 두
번에 걸쳐 10여 년이나 타히티 섬에 체재한 것은 디드로의
논문과 관계가 있는 것 같다. 미개지에 대한 동경을 실행한
문학자로서 《보물섬》을 쓴 R. L. 스티븐슨(1830-94)이 있다.
그는 사모아 섬에서 일생을 마쳤다.

---

9) 디드로(Denis Diderot, 1713-84), 프랑스 계몽 시대의 철학자, 저작자. 랑
그르 태생. 파리에 나와서 문필에 종사했다. 달랑베르와 협력하여 21년이
나 걸려 《백과전서》17권을 편집했다. 이 사업은 여러 모로 탄압을 받았으
나 그는 여기에 지지 않고 완성시켰다. 처음엔 로크의 영향으로 인격신론
자였으나 얼마 안 있어 이신론(理神論)으로, 다음엔 회의론에서 무신론
으로 옮겨 갔다. 백과사전적인 지식의 소유자였다. 《백과전서》는 중세적
편견의 타파, 교회에 대한 비판, 전제 정치에의 반대라는 관점에서 편집
되고 있다. 《달랑베르의 꿈》과 《라모의 조카》 등의 저서도 있다.

정치는 '뱀처럼 현명하라'고 말하며, 도덕은(그것을 제한하는 제약으로서) "그러면서 비둘기처럼 거짓 없이"라는 말을 덧붙이고 있다. 만약 이처럼 양자가 하나의 명령 속에서 공존할 수 없다면 확실히 정치와 도덕 사이에는 투쟁이 있을 것이다. 그러나 양자가 어디까지나 합일할 수 있는 것이라면 대립의 관념을 갖다 붙이는 것은 불합리하다. 또 어떻게 하여 그 투쟁을 진정시켜야 하는가 하는 문제도 원래 과제로서 제출될 성질의 것이 아니다. 더욱이 정직은 최고의 정책이라는 명제는 불행히도 실천과 극히 여러 번 모순되는 이론을 내포하고 있으리라. 그러나 정직은 모든 정책보다 낫다는 같은 이론적인 명제는 모든 비난을 무한히 넘어서 참으로 정책의 불가결의 제약이 되고 있다. 도덕의 수호신은 주피터(권력의 수호신)보다 결코 못한 게 아니다.

생각컨대 주피터는 역시 운명의 밑에 서 있기 때문이다. 바꾸어 말하면 거기서는 이성은 인간의 행위가 가져오는 결과의 길조를(가령 그가 어떠한 희망을 그리더라도) 투시할 수 있을 정도의 충분한 광명으로 비춰지고 있지는 않기 때문이다. 이성은 자연의 기구에 따라 미리 확실한 예고를 할 수 있는 예정적인 원인의 계열을 투시할 수가 없다. 그러나 그에 반해 이성은 인간이 (지혜의 규칙에 따라) 의무의 궤도를 지키기 위해 무엇을 해야 하는가 하는 점에 대해서는, 따라서 궁극적인 목적에 대해서는 항상 우리들의 전도를 밝게 비추고 있는 것이다.

칸트[10]의 《영구평화론》

인간의 역사는 전쟁이 없는 영구평화의 상태를 목표로 하고 있다. 그것은 세계시민법의 완성에 의하여 보증된다. 세계시민법에 대해서는 《세계시민의 견지에서 본 일반 역사 시론》에서 자세히 설명하고 있다. 루소의 사고방식에서 깊은 영향을 받은 것이다. 당시의 계몽사상의 사고방식과 연결되는 것으로서 합리주의와 목적론에 입각한 사고방식이다. 평화에 대한 칸트의 사고방식은 천체의 일반적 자연사와 이론 가운데서 제창한 태양계 기원설 따위와 함께 칸트 철학의 폭을 제시하는 것이다. 그러나 현실 세계가 전쟁을 부정하는 데까지 성장하고 있지 않기 때문에 공론이라고 생각되고 있었다. 제1차 세계대전 후 '국제연맹'이 성립되고 있었을 때 비로소 이 논문의 의미가 새삼스레 상기되었다. 제2차 세제대전 후 '국제연합'을 위시하여 〈세계국가론〉, 〈세계정부론〉 등의 형태로 영원한 평화의 사상이 겨우 구체화되려고 하고 있다.

---

10) 칸트(Immanuel Kant, 1724-1804), 독일 고전철학의 시조, 비판철학의 수립자. 쾨니히스베르크의 피혁직공의 아들로 태어났다. 양친은 경건파의 신자였다. 그곳 대학에서 철학, 수학, 물리학, 신학을 배우고 졸업 후 수년간 가정교사를 했다. 1755년 〈화론(火論)〉에 의해서 학위를 얻고 동대학 강사가 되었다. 1770년 논리학과 형이상학의 교수로 승진하고 왕립도서관장을 겸했다. 이 무렵부터 비판철학의 대저를 저술하기 시작했다. 노년에 이르도록 대학 강의를 계속하고 총장에도 취임했다. 그동안 그의 종교관 때문에 기독교를 비방한다는 말을 듣고 함구령을 받은 일도 있었다. 칸트의 명성은 국외에까지 미쳤으나 향도(鄕都)를 1마일 이상 떠나지 않고 살았다. 초기의 《천체의 일반적 자연사와 이론》은 칸트·라플라스설의 기초가 되었으나 독자적인 철학 체계가 세워진 것은 《순수이성비판 (1781)》에 의한다고 해도 좋다. 종래의 형이상학이나 회의론을 부정하고 인식의 선험적 형식을 확립했다. 이어서 《실천이성비판》(1788), 《판단력비판》(1790)을 발표. 이상 세 가지 저서는 '3비판'이라고 불린다. 이밖에 《프로레고메나》, 《단순한 이성의 한계 내의 종교》, 《영구평화론》 등이 유명하다.

칸트를 묘사한 삽화 한 장

칸트의 철학에 관해서는 《순수이성비판》, 《실천이성비판》, 《판단력비판》에 대하여 배우지 않으면 안 된다. 독단론이나 회의론에서 떠나 이성에 근거한 세계 인식을 기도한 것이다.

너는 너의 지식에 대해서 알려 했다. 네가 이 방법으로 경험한 것은 네가 알고 싶다고 생각한 것, 즉 너의 지식 그 자체에 대한 경험 이상의 아무것도 아니었다. 그것에 너는 놀라느냐? 그리고 그렇지 않기를 바라느냐? 지식에 의해서 성립하고, 지식으로부터 성립하는 것은 지식뿐이다. 그러나 모든 지식은 모사(模寫)에 지나지 않는다. 그리고 그 가운데서는 언제나 상(像)에 상응되는 것이 요구된다. 이 요구는 어떤 지식에 의해서도 만족되지 않는다. 또 지식의 체계는 필연적으로 어떤 실재성도 의미도, 목적도 갖지 않는다. 다만 상(像)의 체계일 뿐이다. 너는 무엇인가 보다 다른 것을 기대하고 있었느냐? 너는 네 정신의 내적 본질을 바꾸고 너의 지식이 단순한 지식 이상의 것이어야 한다고 요구하느냐?

네가 이미 보았다고 생각한 실재, 즉 감성계는 너한테서 사라졌다. 이 감성계는 네가 그 노예가 되는 것을 두려워하고 너에게서 독립하여 지금 존재하는 것이다. 왜 사라졌는가 하면 이 전감성계는 지식에 의해서만 성립하고 또 그 자신이 우리의 지식이기 때문이다. 그러나 지식은 실재가 아니다. 정녕 그것은 지식이기 때문에 너는 착각을 간파했다. 그래서 너는 다시금 착각에 빠지는 일이 있으면 너의 보다 나은 통찰을 부정하는 게 되는 것이다. 전에 우리가 함께 발견한 체계 가운데서 내가 칭찬하는 유일한 공적은 곧 이것이다. 즉 그것은 오류를 부수고 제거한다. 이 체계는 진리를 부여할 수는 없다. 왜냐하면 그것은 그 자신이 절대적으로 공허한 것이기 때문이다. 지금 너는 사실 단순한 상(像) 밖에 있는 실재적인 어느 것을 찾고 있다. 그 정당성을 나는 잘 알고 있다. ― 또 전에 부정된 실재와는 다른 실재를 구하고 있다. ― 그 정당성도 나는 알고 있다. 그러나 이것을 너의 지식에 의해, 또 너의 지식에서 만들어 내려 한다든가, 너의 인식으로 파악하려고 노력해도 그것은 도로(徒勞)에 그칠 것이다. 네가 이것을 파악할 다른 기관을 가지고 있지 않으면 결코 발견할 수가 없으리라.

피히테[11]의 《인간의 사명》

《인간의 사명》은 〈회의〉, 〈지식〉, 〈신앙〉등 3편으로 되어 있다. 일체를 무한한 생명의 흐름으로 보는 범신론적 세계관을 서술한 것이다. 피히테는 이 책을 쓰고 보다 깊은 통찰을 종교에 대해서 할 수 있게 되었다고 부인에게 써보내고 있다. 피히테는 그 전에 '도덕의 세계질서'를 신이라고 했기

---

11) 피히테(Johann Gottlieb Fichte, 1762-1814). 독일 관념론의 대표적 철학자. 작센의 가난한 가정에서 자랐다. 예나, 라이프치히의 양대학에서 신학을 수학했으나 철학에 흥미를 가졌다. 취리히에서 가정교사를 하면서 칸트 철학을 연구. 1791년《모든 계시의 비판》이 칸트에게 인정되어 일약 유명해졌다. 1794년 예나 대학 교수에 취임. 그러나 무신논쟁을 일으켜 파면되어 베를린으로 옮겼다. 나폴레옹 점령 하에서 〈독일 국민에게 고함〉이라는 연속 강연을 행하여 커다란 반향을 불러일으켰다. 1810년 베를린 대학 교수, 총장의 지위에 취임했다. 아내가 독립전쟁에서 독지 간호원(篤志看護員)이 되어 나쁜 병에 걸렸기 때문에 피히테도 거기에 감염되어 죽었다. 이밖에《전지식학의 기초》,《지식학의 원리에서 본 자연법의 기초》,《지식학의 원리에서 본 자연법의 체계》,《인간의 사명》을 썼다. 칸트로부터 헤겔에 이르는 도상에서 실천의 우월성을 주장한 사람이다.

때문에 무신론자라는 오해를 사서 작센 정부로부터 고소를 당한 일이 있었다. 《인간의 사명》은 피신해 와 프러시아 국왕에 의지하고 있을 때 쓴 것이다. 피히테는 만년에 쓴 《정복(淨福)의 생활에의 인도》속에서, 인간은 신에 이르는 것이 아니라 신이 인간에 이르러 주신다는 경건한 사상을 말하고 있다.

피히테 철학의 원줄거리는 '지식학' 이다. 《전지식학의 기초》의 서두에서 "자기 자신을 응시하라. 자기의 눈을 자기를 에워싸는 일체의 것에서 돌려 자기의 내면으로 향하라"고 선언하고 있다. 자아야말로 자기의 근본을 확립하는 것이라고 생각했다. 단순한 지식의 학문이 아니라 지식의 토대에 관한 학문을 골똘히 생각한 것이다. 이것은 《지식학의 원리에서 본 자연법의 기초》나 《지식학의 원리에서 본 도덕론의 체계》로 발전했다. 칸트의 뒤를 이어 남겨진 문제를 추구한 것이다.

용명(勇名)을 떨치던 우리 부친도 지금은 돌아가셨지만, 하고 젊은 늑대가 여우를 향해 말했다. 그는 정말 영웅이었지요! 어떤 곳에서 울던 애라도 그 이름만 들으면 그칠 정도였죠! 2백 마리 이상의 적을 차례차례 정복하고 극악한 자들의 넋을 파멸의 구렁텅이로 빠뜨렸으니까요! 그러던 것이 드디어 재기할 수 없도록까지 패배해 버린 운명이란 무슨 재난일까요!

그렇죠, 조사(弔辭)를 읽는 분이면 그런 말도 할 테죠, 하고 여우는 말했다. 하지만 피도 눈물도 없는 역사가라면 이렇게 첨부하겠죠. 그가 차례차례 정복한 2백의 적은 양과 당나귀였다. 그리고 드디어 참패를 맛본 적이야말로 난생 처음 할 수 없이 싸움을 건 소였다고.

레싱[12]의 《산문 우화집》, 〈용감한 늑대〉

　이것은 계몽사상가로서의 레싱이 어떤 것을 생각하고 있었는가를 가장 잘 보여주는 조그만 이야기다. 세간에서 영웅이니 어쩌니 하고 떠받들리는 인간의 일이 얼마나 실없는가를 풍자한 것이다. 영웅은 민중을 그 먹이로 하고 있을 뿐, 조금도 인간다운 생각은 가지고 있지 않은 것이다.

　세계사의 이해라는 경우, 우리는 우선 과거로서의 역사를 취급하게 되지만, 마찬가지로 현재도 문제삼지 않으면 안 된다. 참된 것은 영원히 또 절대적으로 존재한다. 그리고 어제도 오늘도 아니고 다만 현재에 존재하는 것이며 절대적 현재의 의미에서의 '지금'이다. 이 념에 있어서는 지나간 듯이 보이는 것도 실은 영원히 상실되지 않은 채 남아 있다. 이념은 현재에 존재하고 정신은 불멸이다. 이전에는 존재하지 않았다든가, 언젠가는 존재하지 않으리라든가 하는 것은

---

12) 레싱 (Gotthold Ephraim Lessing, 1729-81), 독일 계몽사조기의 시인, 극작가, 문명비평가, 철학자. 작센령 카멘츠의 목사의 아들로 태어났다. 라이프치히 대학에서 신학, 철학, 문학을 배웠다. 후에 베를린에서 계몽주의자들과 사귀고, 비극 〈미스 사라 샴프손〉, 희극 〈민나 폰 바른헬름〉 등을 썼다. 1767년 독일 국민극장 전속 작가가 되고 문예 비평가로서도 활약했다(《라오콘》, 《함부르크 희곡론》 등). 또 계몽주의의 흐름을 받은 사상가였으나 지성을 존중하는 입장에서 그 독단을 초극하려 했다. 만년에 루터파의 목사 괴체와 격렬한 종교논쟁을 했다. 레싱이 목표로 했던 것은 이성의 기독교였다. 독일 국민극을 수립한 것과 함께 높은 비판정신의 소유자로서 알려졌다.

정신에는 없다. 그것은 이미 소멸하고 있다고 할 수도 없고 또 존재하고 있지 않다고 할 수도 없다. 절대로 지금 존재하는 것이다. 그러므로 정신의 현재의 세계, 형태, 그 자기 의식이 역사 가운데서는 과거의 것으로 나타나는 모든 제단계를 내장(內藏)한다는 것은 당연한 일이다. 확실히 이러한 제단계는 저마다 별개의 차례로 이루어져가는 것이다. 그러나 정신은 그 자체로서는 언제나 동일한 정신이며, 구별은 정신 자체의 전개라는 것에 불과하다. 현재의 세계 정신은 정신 자신이 자기에 대해 만드는 이념이다. 그것은 세계를 유지하고 지배하는 것이며 6천 년의 노력의 결과이다. 정신이 세계사의 일을 통해서 자기 앞에 이끌어낸 것이며 이 일을 통해서 당연히 나올 것, 바로 그것이다. 이상과 같은 것으로 세계사를 이해하지 않으면 안 된다. 세계사 중에서는 정신의 일은 정신 자신의 본질의 인식과 그것에 제약된 제종의 영역에서 자기가 만들어 낸 것의 인식에 도달한 과정으로서 표현되는 것이다.

헤겔[13]의 《역사철학 서론》

13) 헤겔(Georg Wilhelm Friedrich Hegel, 1770-1831), 독일 고전철학의 대표자. 슈투트가르트에서 태어났다. 튀빙겐 대학에서 철학, 신학을 배우는 한편 칸트 등의 새로운 학설을 연구했다. 재학 중 횔덜린, 셸링과 친했다. 오랫동안 가정교사를 한 후에 셸링의 추천으로 1801년 예나 대학 강사가 되고 〈철학비판지〉를 공동 편집했다. 셸링이 예나를 떠난 후 독자적 사상을 전개, 《정신현상학》을 정리했다. 나폴레옹 전쟁 때문에 교직을 물러났으나 1808년 뉘른베르크의 '김나지움' 교장으로 초빙되어 《논리학》을 발표했다. 1816년 하이델베르크 대학 교수가 되어 《엔치클로페디》를 썼다. 이어서 베를린 대학으로 옮겨가 《법철학》을 출판. 이곳에서 콜레라 때문에 급사했다. 사후 《종교철학 강의》, 《철학사 강의》, 《미학 강의》, 《역사철학 강의》가 간행되었다. 헤겔은 객관적 관념론의 입장에서 포괄적인 고찰을 행했고, 그 변증법은 마르크스주의에 의해 이용되었다.

헤겔이라면 변증법을 생각하게 된다. 변증법은 그리스시대에 이미 싹터 있었던 것이다. 헤겔은 이 변증법에 철학적 기초를 부여했다. 세계사에 대한 법은 지식과 깊은 통찰의 결과, 세계사는 우연의 수집이 아니라 하나하나의 사상(事象)이 연결되고 있다고 주장했다. 이것은 역사를 영웅이 만드는 것으로 보거나 또 단순한 현상의 나열로 보는 역사관으로부터 훨씬 전진한 것이었다. 세계사를 일관하는 '이성의 교지(巧智)'라는 생각도 독창적이다. 세계사를 이처럼 이해하는 데 대해서는 《논리학》 속에서 서술하고 있는 변증법이 크게 도움이 된 것 같다. 개념의 자기 발전은 정립(테제)·반정립(안티 테제), 종합(진 테제)이라는 순서로 발전해 간다. 정립 가운데는 모순으로서 아직 확실히 모습을 나타내지 않는 대립의 요소가 내재하고 있다. 그것이 확실히 모습을 나타내고 대립하게 된 것이 반정립이다. 그 대립이 한층 높은 단계로 지양되고 새롭게 통일되는 것이 종합이다. 이것이 변증법적 발전이라고 불리는 것이다. 또 변증법은 형식논리에 대립하는 사고 형식이다.

독일 관념론(독일 고전철학)은 칸트에서 시작하여 헤겔에서 가장 높은 지점까지 올라갔다. 칸트의 입장은 헤겔에 의하면 "내용에 관계하지 않고 다만 주관성과 객관성의 추상 형식만을 문제로 하고 그 위에 일방적으로 전자, 즉 주관성에만 머물러 있는 주관적인 평면의 관념론에 지나지 않는다." 이에 반해 헤겔의 관념론은 절대적인 이념을 실체로서가 아니라 주체로서 포착하는 것이다. 실체는 왜 동시에 주체일까? 그것은 자기 자신을 '정립'으로서 운동 가운데 던져 넣고 그것이 '반정립'으로 될 것을 기도하기 때문이다. 이 경우 '정립'은 부정되지만 그 부정 속에서야말로 주체의 작용이 발견되는 것이다. 피히테에게서도 '아'·'비아'의 변증법을 볼 수 있지만, 헤겔은 그것을 구체적으로 체계로서 발전시킨 것이다.

헤겔의 철학은 1820년경부터 수십 년에 걸쳐 프러시아의 관학(官學) 같은 권위를 가졌다. 사후 종교의 문제에 대해서 제자들 사이에 분열이 생겼다. 스승의 학설은 과연 교회의 교의에 합치하는가 어떤가에 대해서 논쟁이 일어난 것이다. 유신론의 입장을 주장하는 일파를 헤겔 우파라 하고, 범신론, 유물론을 주장하는 일파를 헤겔 좌파라 부르며, 헤겔의 본래의 정신을 전하려는 일파를 헤겔 중심파라고 부르게 되었다. 좌파에는 포이어바흐가 있었고, 마르크스나 엥겔스도 출발점에서는 그 영향을 받았다.

그러나 어떤 사람은 브리튼은 조국이라고 말하고 있다. 그렇다면 브리튼의 행위는 한층 수치스러운 것이다. 야수라도 그 자식을 잡아먹지는 않는다. 또 야만인이라도 그 집안끼리는 싸우지 않는다. 따라서 이 주장이 정말이라면 도리어 브리튼을 비난하는 게 된다. 그러나 그 주장은 때때로 정말이 아니고 혹은 일부분만이 정말인 데 지나지 않는다. 그리고 조국 혹은 모국이라는 말은 국왕이나 그를 둘러싸고 있는 자들이 나쁘게 이용해 온 것이다. 그것은 속기 쉬운 우리들의 마음의 약점을 틈타 잘못된 편견을 갖도록 만들려 한다. 저열하고 컴컴한 음모에서 그렇게 되는 것이다. 영국이 아니라 유럽이야말로 미국의 조국이다. 이 신세계는 시민적·종교적 자유의 찬미자가 박해를 받고 유럽의 각지에서 피난해 온 곳이다. 그들은 모친의 따뜻한 포옹이 아니라 괴물의 학대를 피해 여기를 찾아왔다. 그리고 최초로 이민 온 그들을 아늑하게 살던 고장으로부터 추방한 폭정이 아직도 그 자손을 노리고 있다. 이것은 영국에 관한 한, 정말이다.

토머스 페인[14]의 《코몬 센스》

《코몬 센스》는 미국 독립의 원동력이 되었다. 페인은 이 팜플렛 가운데서 대개 다음과 같이 주장했다. 정부의 기원과 목적을 명확히 하여 영국 정부의 방침을 비판하고 미국 민중은 반항할 권리를 가지고 있나는 것. 영국 헌법의 불합리성을 지적하고 헌법상의 권리를 주장해도 필요없다는 것. 조지 3세의 왕정이 틀려먹었다는 것. 영국의 지배로부터 이탈하여 독립하는 것이 진정한 평화와 번영의 길이라는 것. 미국은 독립할 힘을 충분히 가지고 있다는 것.

이 책이 나온 지 반년 후인 7월 4일에 미국 식민지는 제퍼슨이 쓴 〈독립선언〉을 발표하게 되었다. 페인의 주장은 오늘날 식민지의 민중에게도 호소하는 힘을 가지고 있다고 할 수 있겠다.

---

14) 페인(Thomas Paine, 1737-1809), 영국의 정치사상가, 저술가. 노포크 주의 퀘이커 교도의 집에서 태어났다. 여러 가지 일에 종사했으나 실패를 거듭하고 1774년 미국으로 건너갔다. 루소의 영향을 받아 독립전쟁에 공명, 《코몬 센스》를 썼다(1776). 독립전쟁의 정당성을 주장한 이 책은 여론을 환기시켰다. 독립 달성 후 귀국했으나 《인간의 권리》에 의해서 프랑스 혁명을 지지했기 때문에 추방당했다. 후에 프랑스에서 시민권을 얻었다.

〈독립선언서〉를 군인들에게 읽어주고 있는 토머스 페인.

제7장 19세기의 사상(1)

개관

18세기 후반기부터 시작된 정치적 동란은 19세기 초엽에 이르기까지 그치지 않았다. 이런 가운데서도 서 유럽과 북아메리카에서는 경제적인 면에서, 그리고 사회적인 면에서 커다란 변화가 일어나고 있었다. 그것은 곧 산업혁명이었다. 이 산업혁명은 공업 기술이 크게 변화함에 따라 공업 생산력이 또한 크게 증대되었기 때문에 일어난 것이었다. 그 생산 형태는 매뉴팩처(분업에 의한 제작)의 단계를 벗어나 산업자본에 의한 자본주의 생산으로 옮겨 갔다. 그리하여 자본과 노동력의 관계가 기본적인 생산 관계가 되어 자본주의 사회가 형성되었다.

산업혁명으로부터 자본주의 사회에 이르는 변화를 뒷받침할 것은 자유주의였다. 더구나 경제적인 면에서의 자유주의는 커다란 역할을 했다. 아담 스미스(1713-90)는 경제학 분야에서 경제방임을 외쳤는데, 이것은 자본주의 경제에 하나의 유력한 근거를 준 것이었다. 사상적인 면에서의 자유주의도 이 경제적인 면에서의 자유주의를 발판으로 하여 발달하였다.

이 시대의 자유주의는 이념으로서보다도 시민 계급의 이데올로기로서의 성격이 강했다. 그러기 때문에 봉건세력과 절대주의를 넘어뜨리고 근대 자본주의 사회를 건설하는 데 실제적인 힘이 되었다. 그러나 산업혁명을 일찍이 일으킨 영국에서는 19세기의 중엽을 넘어서자 이데올로기로서의 자유주의는 비판의 대상이 되기 시작했다. 자본주의의 모순이 명확한 모습을 나타냈기 때문이다. 그리하여 자유경쟁의 결과 생겨난 것이 생산 과잉이었고 이 생산 과잉은 경제적인 공황을 수반하였다. 따라서 자본가와 노동자 사이에서 계급적 대립이 현저하게 나타났다. 한편 자유주의는 시민 계급에게 자유를 주었다. 그러나 자유주의의 신조인 인간의 자유와 인격의 존중은 노동자 계급에는 적용되지 않았고 평등의 관념도 결국 실현되지 못했다. 아담 스미스가 말한 사회의 예정조화는 파괴되었고, 자본가 계급은 자유와 부를 손에 넣었으나 다른 대다수의 사람들은 가난에 허덕였던 것이다. 이러는 동안 자유주의 경제의 원칙인 자유경쟁까지도 제약을 받게 되어 카르텔, 트러스트와 같은 독점형태가 취해졌다. 뒤이어 노동자 계급의 저항운동도 일어났다. 이 저항운동은 러다이트 운동, 차티스트 운동, 노동조합 운동, 사회주의 운동 등으로 나타났다. 또한 인도주의의 입장이나 국가주의의 입장에서 사회 개량 혹은 사회 정책을 희망하는 사람도 나타났다.

최대 다수의 최대 행복

앞서 말한 바와 같이 아담 스미스의 자유방임은 경제상의 자유주의의 선구적인 역할을 다했지만, 이 씨앗을 만든 것은 벤담(1748-1832)이었다. 그는 경험론의 흐름을 주장하는 사람이었지만, 인간 행동의 최고의 목적은 '최대 다수의 최대 행복'에 있다고 하여 공리주의를 수립했고, 정치 형태로서는 민주주의를 채용했다.

이것과 나란히 맨체스터파가 나왔다. 이들은 경제적 자유주의를 시민 계급의 이데올로기로서 대담하게 주장했다. 이파의 중심이 된 사람은 코브던(1804-56)과 브라이트(1811-89)였는데, 이들은 상공업 계급의 이익을 위하여 영업과 무역의 자유를 부르짖었다.

그 밖에 영국에서 자유방임주의를 부르짖은 경제학자로서 맬서스(1766-1834)와 리카도(1772-1823)가 있었다. 이들은 정통파 경제학자라고 불린다. 맬더스는 《인구론》을 썼는데, 그것은 인간의 불행을 숙명론적인 자연법칙으로 설명하고 자본주의 제도를 합리화하는 것이었다. 이에 대하여 리카도의 설은 자유방임주의의 극점에 섰다. 그는 차액지대론을 주창하여 지주를 공격했기 때문에 산업자본가층에서는 환영을 받았다.

다음으로 벤담의 뒤를 따른 사람으로서 제임스 밀(1773-1836)과 그의 아들 존 스튜어트 밀(1806-73)이 있다. 존 스튜어트 밀은 생산법칙은 자연법칙으로서 영구 불변한 것이지만, 분배의 법칙은 인위적인 것으로서 역사적 · 가변적이라고 하여 사회 정책의 필요성을 주장했다.

자유주의도 이 밀까지 이르고 보면 이상주의의 색채가 강한 것으로 변화되어진다. 결국 종래의 자유주의로써는 자본주의 사회의 모순을 극복할 수 없게 됐다는 것이다. 여기에서 신자유주의가 탄생했다. 이것이 즉 이념으로서의 자유주의다. 여기까지 이르면 이데올로기로서의 자유주의는 이미 역사적 역할을 끝냈다고 말할 수 있다. 새로 탄생된 신자유주의는 자본주의 사회를 긍정하고 있다. 그와 동시에 그 폐해도 바로잡으려 하고 있다. 이런 점에서 수정자본주의와 공통된 점이 있다.

　신자유주의의 대표자로는 철학자인 그린(1836-82)과 경제학자인 케인즈(1883-1946)를 들 수 있다. 그린은 자유를 '강제가 없는 상태'를 뜻하는 소극적 자유와 '자기의 의지를 실현해 내는 상태'의 적극적 자유로 구분한다. 그리하여 인격의 완성을 종국의 목적으로 하는 데서 후자를 중요하게 보았다. 이와 같이 그린은 이상주의의 색채가 짙은 데 비해서 케인즈는 수정자본주의라는 현실적 요소가 강하다.

　이 시대에는 자유주의와 대조적인 사상으로서 보수주의의 조류도 있었다. 이것은 프랑스 혁명 이후의 부르조아 민주주의의 상승기에 탄생하여 그 정체기에 발전한 것으로 합리주의에 대한 반동이라고 할 수 있다.

　영국에서는 명예혁명에 앞서 휘그와 토리 두 정당이 발족되었다. 휘그는 부르조아지의 뜻을 대표한 것으로 혁신적이었고, 토리는 교회와 국가의 현상 유지를 목표로 한 보수적인 정당이었다. 실제로는 이 두 정당의 이념에서 본질적인 상위는 볼 수 없었다.

프랑스 혁명이 일어났을 때 영국에서도 광범위한 민주주의 운동이 일어나고 있었다. 그와 동시에 에드먼드 버크(1729-97)를 중심으로 한 반혁명 이론도 왕성했다. 그리하여 조지 3세(1738-1820)의 왕권 회복을 지지하여 정권을 쥔 토리당의 지배 하에서는 이 반동정책이 강경하게 추진되었고, 급진적인 개혁운동은 억압되었다. 특히 대불전쟁이 끝날 때까지는 이런 경향이 유독 심했다. 대외적으로는 '임페리얼리즘' 혹은 '징고이즘'이라 불리는 강경 외교가 행하여졌다.

그러나 '나폴레옹' 전쟁의 여파가 가라앉고 자본주의가 가장 왕성한 코스를 달릴 때부터 부르조아시의 자유주의를 따르는 운동이 전개되기 시작했다. 이 운동으로서 처음으로 나타난 것이 1832년의 선거법 개정이다. 그 이전에도 귀족 과두 정치에 대해서는 개혁의 부르짖음이 있었다. 그러나 1820년에 접어들어서야 구체적인 운동으로 옮겨졌다. 그 이유는 산업자본가가 의회에 진출하게 되었기 때문이었다. 휘그당과 중·하층 계급이 이 운동을 지지했다.

공상적 사회주의의 탄생

선거법 개정에 의해서 부르조아지는 공공연한 지배 계급이 되었다. 이 시기를 전후하여 정당의 편성에서도 변화가 일어나 휘그당이나 급진파 사람들, 그리고 토리당 중에서 혁신파가 합작하여 자유당이라 이름했고, 토리당은 보수당이라 칭하게 되었다.

그 후 영국은 빅토리아 조(1837-1901)의 번영기를 맞이했다. 그러나 이 무렵은 자본주의적 경제 체제에서 필연적으로 일어나는 경기의 변동이 명백하게 나타나 하층 계급의 생활은 궁핍을 면치 못하게 되었다. 이런 사태에 순응해서 각국에서 사회주의 사상이 일어나 그 체계를 잡기 시작했다. 그리하여 우선 공상적 사회주의가 탄생했다.

공상적 사회주의는 민중의 궁핍한 생활에 깊은 동정을 가진 지식인 사이에서 실행되었다. 이 사상은 자연과학의 정신과 계몽사상의 영향을 받고 있으며, 18세기의 사회주의와 비교하여 사상적인 체계를 가진 것이다. 그러나 뒤에 나온 마르크스주의는 근본적으로 다르다. 마르크스주의는 현재의 사회 질서에 과학적인 분석을 가하여 거기서 끌어 낸 사회운동 법칙에 의해서 혁명의 필연성을 말하고 있지만, 공상적 사회주의는 현재에 있는 사회 질서의 연구에 힘을 기울이지 않고 새로운 사회 질서의 구조를 생각했다. 따라서 노동·자본의 계급투쟁에 의해서가 아니라 이해에 의해서 새 사회가 실현되는 것이라 생각하고 대중운동으로서가 아니라 계몽에 의해서 이상 사회에의 길을 열려고 했으며 계급투쟁을 부정했다.

영국에 있어서 이 파의 대표자를 든다면 로버트 오언(1771-1858)을 들 수 있다. 그는 이론보다도 실천 활동을 중하게 생각했지만, 그 사상이 노동조합 운동, 협동조합 운동, 사회교육 운동에 미친 영향은 컸다. 같은 무렵 리카도파 사회주의도 나타났다. 리카도의 노동가치설에 기초를 두고 사유재산과 자유경쟁의 폐지를 제창하는 사람들이었다.

한편 제1차 선거법 개정은 극히 불충분한 것으로 끝났다. 여기에 깊은 환멸을 느낀 노동자들이 대규모의 정치운동을 일으켜 1837년 인민헌장을 만들었다. 그리고 이 운동은 차티스트 운동이라는 이름이 붙게 되었다. 이 운동에는 오코넬 (1775-1847)이 지도하는 '실력파'와 러베트(1800-77)가 지도하는 '도의파'의 두 파가 있었지만 점차 전국적인 것으로 번져 갔다. 1839년 인민의회가 열리자 이들은 청원서를 제출하였지만 부결되어 주동이 된 지도자들은 투옥되었다. 그 후 이 운동은 세력이 번성하여 1842년에는 완전보통선거동맹이 조직되었다. 그리하여 다시금 노동시간의 제한, 신구빈법 (新救貧法)의 폐지 등을 포함한 청원을 하였지만 역시 또 군대의 진압으로 실패했다. 계속하여 1848년 파리의 2월혁명에 호응하여 일으킨 청원도 거부당했다. 이상과 같이 차티스트의 목표는 실현되지 않았지만 근대적인 사회운동의 작은 출구를 열어 놓았다는 점, 즉 산업적·정치적 압박을 대중운동으로 제거하려 하는 넓은 의미의 사회운동이 이루어졌다는 점에서 주목할 만하다.

프랑스에서는 1814년에 왕정복고가 행하여졌다. 옛 귀족이나 성직자들로 이룩된 왕당파는 앙시앵 레짐의 부활을 꿈꾸고 반동정책을 기도했다. 이와 때를 같이하여 자유주의적인 학자 기조(1787-1874) 등을 중심으로 하는 입헌왕당이 구성되었고, 그 밖에 몇 개의 당파가 생겨났다. 20년대에 들어서면서 반동정치는 점점 강력해져 갔다. 그러나 반정부파의 세력도 차츰 강해져 가고 있었다.

보수주의자 가운데서도 특히 활동적이었던 사람은 프랑스 낭만주의 문학자로 알려진 샤토브리앙(1768-1848)이었다. 왕당파의 보수주의는 정치주의라고 불리었다. 정통주의자들은 이성에 불신을 품고 이성 중심의 18세기를 부정하고 왕권의 확립, 절대왕정의 유지를 주장했다. 또한 모든 왕권의 위에 로마 교황이 있을 뿐, 카톨릭교회야말로 모든 진리로서 전통주의의 이상이라고 생각했다. 이것이 국가주의와 합치되어 있는 것이 특징이라고도 할 수 있다. 또한 이들 전통주의자들은 프랑스 혁명의 근본 사상인 루소(1712-78)의 개인주의적 민권론에 반대하며 봉건주의자의 복고적인 경향과 전체주의적인 경향까지도 동시에 지니고 있었다. 이 전통주의는 온화전통주의와 절대전통주의로 구분할 수 있다. 전자에는 메스트르(1753-1821), 보나르드(1754-1840) 등이 있으며, 후자에는 람네(1782-1854), 보댕(1530-96) 등이 있다.

7월혁명

1830년 7월혁명이 일어났다. 사흘 동안의 시가전의 결과 혁명 군중이 파리를 점령했다. 왕은 퇴위하여 영국으로 망명했다. 민중은 라파예트(1757-1834)의 지도 하에 민주적인 공화제를 요구했다. 그러나 충분한 조직력은 갖지 못했었다. 한편 티에르(1797-1877) 등의 자유주의적인 부르조아지는 혁명이 급진화하는 것을 두려워하여 루이 필립(1773-1850)을 왕위에 추대하여 7월 왕정을 수립했다. 7월혁명의 보도가 전해지자 유럽 제국에서도 혁명의 기운이 일어나기 시작했다. 우선 벨기에의 독립운동이 달성되었고 폴란드, 이탈리아, 스페인에서도 제각기 혁명운동이 일어났다.

이 7월혁명과 때를 같이하여 프랑스에서는 산업혁명이 시작되어 부르조아지의 힘이 증가했다. 7월혁명 세력은 말하자면 금융 부르조아지의 옹호자였던 것이다. 하나의 계급으로서 성장해 나온 노동자는 혁명에 실망하여 폭동을 계속했다. 이런 가운데서 생시몽(1760-1825), 푸리에(1772-1837)의 공상적 사회주의가 성장해 갔다.

생시몽은 산업계급에 의한 산업사회를 이상으로 했다. 이 산업사회는 부르조아지 학자들로 이룩되는 중앙기관을 갖고 인도주의적인 도덕 원리로서의 새로운 기독교 위에 선다는 것이다. 푸리에는 여기 비해서 비현실적이었다. 그는 당시의 문명사회를 비판하고 본능 이론을 기초로 한 사회철학과 변증법적인 역사관을 말했다. 그의 사상인 미래사회는 '파랑쥬'라는 공산딘체로부터 성립된다. '파랑쥬'란 농업생산을 기초로 한 생산과 소비의 협동조합이었다.

이상 두 사람의 공상적 사회주의는 후계자들에 의해서 실천운동으로까지 발전했다. 바자르(1791-1832)와 앙팡탕(1796-1864) 등 두 생시몽파는 스승의 설을 체계화했지만, 30년대 이후에는 신비적인 종교단체의 색채를 띠었다. 푸리에의 설은 콩시데랑(1808-93)이 받아들였다. 이 두 조류 이외에 후에 산업주의자가 된 카베(1788-1856)와 데자미 (1803-50)도 공상적 사회주의 사상을 전개했다.

공상적 사회주의자 이외에도 프루동(1809-65)의 무정부주의, 뷔셰(1796-1865)의 기독교 사회주의가 있다. 또한 루이블랑(1811-82)은 부르조아 사회는 사회의 진보를 방해한다고 말하며 국가와 소생산자나 노동자를 구해야 한다고 주장했다.

이와 같이 사회주의 운동이 급격하게 성장하여 반정부파

의 세력이 커가자 루이 필립은 탄압정책을 쓰기 시작했다. 기조는 기왕의 자유주의를 버리고 왕의 반동정책을 도왔다. 그러자 부르조아 공화파, 사회주의파는 기조를 타도하기 위해서 선거법 개정을 요구했다. 그러나 기조 내각은 이에 응하지 않았다. 그러자 1848년 2월 민중은 무장봉기를 했다. 이 봉기에 의해서 라마르틴(1790-1869) 등의 부르조아 공화파와 루이 블랑을 선두로 한 사회주의파를 포함한 임시정부가 수립되고 두 번째 공화정부가 서게 되었다.

그러나 얼마 가지 않아 부르조아 공화파와 사회주의 공화파의 대립이 일어나 전자가 승리를 했다. 이 무렵부터 정국의 불안을 느낀 민중 사이에서는 나폴레옹 시대를 동경하는 풍조가 생겨났다. 이 기운을 계기로 하여 나폴레옹 1세(1766-1821)의 조카인 루이 나폴레옹(1808-73)이 나타나 대통령이 되어 정권을 잡았다. 그는 표면으로는 공화주의의 옷을 입고 있었으나 실제로는 공화파를 탄압하는 정책을 쓰고 있었다.

독일은 경제 사정이 뒤떨어져 있었기 때문에 프랑스 혁명의 영향을 특수한 형태로 받아들였다. 우선 절대주의의 관료가 부르조아지를 육성했다. 여기에 대한 귀족들의 반대운동이 일어났다. 여기서부터 독일의 보수주의가 탄생하기 시작했다. 그것은 초기에는 정치적 로맨티시즘이라는 형태로 등장했다.

정치적 로맨티스트는 주로 소부르조아지 출신의 지식인이었지만 이데올로기에 있어서는 귀족 계급을 대변했다. 그 때문에 근거가 약하고 메테르니히(1773-1859)의 반동정치에 이용되었을 뿐으로 30년대 이후 부르조아 군주주의의 상승에 따라 멸망하여 갔다. 버크(1729-97)가 이 사조의 선구적 역할을 했지만 대표적 인물은 아담 뮐러(1779-1829)이다. 뮐러는 국가유기체설을 제창했다. 국가는 독자의 목적을 갖고 신분의 차이가 있더라도 전체로서의 조화가 보전되어 있으면 되고 경제 사회도 유기적 통일에 의해서만 건전한 상태가 보전된다고 했다. 여기서 내셔널리즘을 중요시하는 독일 보수주의의 한 계보가 탄생했지만, 진보주의와 보수주의의 대립이 분명해진 것은 1848년의 3월혁명 이후였다.

7월혁명은 독일에서도 큰 파문을 일으켰다. 뵈르네(1786-1837)나 하이네(1797-1856) 등의 청년독일파가 여기에 공명했고, 각지에서 자유주의 운동이 일어났다. 그 가운데서도 먼저 '슈투름 운트 드랑'이 중심이 된 괴팅겐 대학에서는 달만(1785-1860), 게르비누스(1805-71) 등 일곱 교수가 자유주의 헌법을 지키기 위하여 항의를 하였고, 왕은 즉시 일곱 교수를 파면했다. 이 사건은 전독일에 크게 반향을 불러일으킨 결과가 되었다. 이러는 사이에 독일연방 중에서도 프러시아가 오스트리아를 견제할 만한 힘을 길렀다는 것은 간과할 수 없는 일이다.

독일 관념론의 성장

이상과 같이 사회적 개혁은 변칙적으로밖에 행해지지 않았다. 그러나 철학의 분야에서는 독일 관념론이 눈부신 성장을 보여주었다. 즉 칸트(1724-1804)의 뒤를 받아 피히테(1762-1814), 셸링(1775-1854), 헤겔(1770-1831)을 통해 관념론의 체계가 성립되었던 것이다. 이것은 정신적인 해방운동이었다. 독일은 유달리 봉건성이 우위를 차지하고 있었다. 따라서 계몽사상의 침투도 사회적 실천의 면보다 인간 내부의 사색의 방향으로 흘러 갔다. 또한 당시의 로맨티시즘 사상의 영향을 받아 계몽주의의 합리성에 멈춰 버리지 않고 초합리적인 것에 가치가 있다고 생각했다. 그리하여 정치상의 자유와 시민 사회의 실현을 중시하여 그것을 실현하는 데는 국가가 필요하다고 생각하였다.

피히테는 칸트의 선험철학의 연장 위에 섰다. 칸트가 선험적 자아를 인식의 근저로서밖에 생각지 않은 데 대해서 그는 자아의 절대성을 주장했다. 그리하여 인간의 의지적인 행위와 자아의 실천력을 강조하는 사변적 형이상학을 완성했다. 셸링은 보다 로맨틱한 철학자였다. 그는 자연철학을 연구하여 자연을 유기적으로 다루었다. 이것은 정치적 로맨티시즘의 유기체설에 기초를 둔 사회관과 연결되는 것이다.

앞의 두 사람에 비해서 헤겔은 정치적·사회적 관점이 짙었다. 헤겔에 이르러 프랑스 혁명이 실현하고자 한 근대 시민사회의 이념이 명확히 설명되었다. 그는 사유, 자연, 사회, 문화의 모든 영역을 체계적으로 맺어 놓았다. 그리하여 범윤리주의, 절대관념론의 입장을 취했지만 인식 방법으로서 변증법을 사용한 것이 특히 주목된다. 헤겔은 시민 사회를 특수성의 원리와 보편성의 원리라고 하는 두 개의 모순된 원리를 통해 결부시켜 그것을 과도적인 단계라고 생각하고, 국가는 이 모순을 통일할 수가 있으므로 시민 사회보다 고차적인 단계라고 했다. 나아가 국가는 절대정신이며 이성의 최고 실현형태라고 하며 국가를 따르는 것이 개인의 최고의 의무라고 주장했다. 더구나 이런 최고 자유인 국가는 입헌군주제의 국가라야 하며 당시의 프러시아 국가 가운데 그것이 실현되어 있다고 생각했다.

헤겔의 국가주의는 로맨틱한 보수주의와 결부되어 한때 독일 사회사상의 주류가 되었다. 슐라이어마허(1768-1834)는 헤겔학파는 아니지만 계몽사상의 합리주의에 반대하여 종교를 인간의 정신생활 안에 국한시켜 인정하는 로맨틱한 종교관을 가졌던 사람이다.

한편 헤겔 철학을 비판하는 학설도 나왔다. 가령 쇼펜하우어(1788-1860)이 염세사싱이 그것인데, 세계의 본질은 이성이 아니라 맹목적인 '삶에의 의지'라고 했다. 그러나 헤겔의 이성주의에 가장 반대를 한 것은 헤겔학파의 내부에서였다. 헤겔은 기독교의 교의에 관해서는 분명한 설을 말하지 않았다. 이것 때문에 D. 슈트라우스(1808-74)가 《예수전》을 출판한 것을 계기로 종교 문제를 둘러싸고 헤겔학파는 분열되고 말았다. 즉 기독교 교회 정통파의 유신론의 입장을 취한 우파와 자연주의적인 범신론을 제창한 급진적인 좌파와 그 중간에서 헤겔 본래의 철학을 받아 나가려는 중앙파로 나뉘어졌다.

헤겔 좌파에 속하는 사람들은 바우어 형제(형인 브루노 1809-82, 아우 에드거 1820-86), 슈티르너 (1806-56), 라살 (1825-64) 등이 있으나 포이어바흐(1804-72)에 이르러 비로소 유물론의 작은 문이 열렸다. 포이어바흐는 기독교 비판에 힘을 기울였다. 자연물이 유일한 존재인데, 인간은 이 자연물이며, 신이란 인간의 절대화이며 인간의 원망이 실현된 것이라고 주장했다. 헤겔 좌파의 유물론적 입장은 그 후 차츰 철저해져서 마르크스주의와 연결되었다.

파리 코뮌

1871년의 파리의 2월혁명 보도는 눈 깜짝할 사이에 전구라파에 퍼졌다. 독일에서도 그해 3월부터 이듬해에 걸쳐 난동이 폭발했다. 그것을 3월혁명이라고 부른다. 이것은 독일 통일의 기운을 일깨웠다. 이탈리아나 스위스에도 혁명의 물결이 미쳤다.

한편 프랑스에서는 루이 나폴레옹이 1852년, 나폴레옹 3세를 칭하고 제2제정을 베풀었다. 그러나 프러시아를 중심으로 하는 독일 통일운동에 의해서 프랑스의 국제적 지위는 차츰 위협을 받았다. 그리하여 외교정책에서 실패한 황제는 다시금 보불전쟁에서 크게 패했다. 1871년 3월, 패전의 소식에 접한 노동자와 소시민들은 티에르 임시정부가 항전의 열의가 적은 것에 분격하여 국민군 중앙위원회를 결성했다. 그리하여 노동자계급의 정권인 '코뮌'을 만들었다. 결국 탄압과 내부 분열 때문에 단기간에 넘어졌지만 프롤레타리아 독재의 최초의 예를 보인 것은 혁명운동을 통해서 처음이었다. 그 후 제3공화제가 확립되었다.

이 무렵 이탈리아에서도 통일의 움직임이 눈에 띄기 시작했다. 여기에는 세 개의 계통이 있었다. 첫번째는 마치니 (1805-72)가 지도하는 급진 공화주의자로 청년 이탈리아당이 그 중심이 되었다. 둘째는 로마 교황을 원수로 하는 이탈리아 연방국가안의 지지자들, 세째는 중앙집권적인 이탈리아 왕국의 건설을 뜻하는 사람들로서 그들은 사르디니아의 사보이 왕가(王家)를 받들고 있었다. 사르디니아는 프랑스의 원조를 얻어 1859년 오스트리아에 선전포고를 했다. 나폴레옹은 도중에 손을 뗐지만 결국 이탈리아는 오스트리아의 지배에서 벗어나 통일을 달성했다. 이때 시칠리아 섬 등 남부에서는 공화제를 희구하는 반란이 일어나고 있었다. 마치니의 후계자인 가리발디(1807-82)가 이 반란을 지도했다. 그 후 그는 이탈리아 통일을 위하여 자기적 주장을 꺾고 사르디니아의 왕과 협력했다. 그리하여 이탈리아는 입헌군주국이 되었다.

독일에서는 오스트리아와 프러시아가 통일의 패권을 다투고 있었다. 3월혁명이 실패한 뒤 반동적인 정치가 부활했지만 자본주의의 발전에 따라 자유주의자의 발언도 강해졌다. 프러시아측의 재상 비스마르크(1815-98)는 1866년 보오전쟁(普墺戰爭)을 일으켜 오스트리아를 무찔렀다. 그래서 오스트리아를 제외한 독일은 프러시아와 남북 독일연방으로 통일되었다. 다시금 보불전쟁을 겪고 1871년 프러시아의 호엔촐레른 가 아래 독일 제국이 성립되었다.

자본주의의 모순은 점차 명확해져 갔다. 그 가운데서 무정부주의 사상도 차츰 형성되었다. 이 무정부주의는 사유재산을 인정하느냐 않느냐는 점에서 개인주의적인 것과 공산주의적인 견해 두 개의 흐름이 있었지만, 결국 정치적 · 사회적인 모든 권력을 부정하고 개인과 그 자연집단이 완전히 자유라는 점에서는 일치하고 있다. 전자에는 영국의 고드윈

(1754-1830)이나 프루동, 독일의 슈티르너가 있다. 후자로서는 바쿠닌(1814-76), 크로포트킨(1842-1921) 등의 러시아인 계열이 있다. 고드윈은 정치적 아나키, 사유 재산의 폐지, 이성의 절대적 지배, 그리고 인류애, 사회적 의무와 정의를 역설했다. 슈티르너는 개인주의적 무정부주의자의 전형이었다. 그리고 프루동의 사상의 핵심은 계약설로서 개인의 내부에 있는 인간성은 긍정했으나 국가와 함께 그 개인이 갖는 재산은 부정하고 있다.

러시아에서는 의연히 전제 정치와 농노제가 행해지고 있었으나 '데카브리스트의 난'과 같은 폭동도 일어났다. 근대적 사회 개혁의 주도자인 시민 계급은 아직 성장해 있지 못했고, 서유럽의 자유사상을 배운 지식인들이 사회 개혁을 신중히 생각하고 있었다. 지식층은 게르첸(1812-70)이나 벨린스키(1811-48) 등이 '자파드니키 서구파'와 '슬라보필(슬라브파)'로 갈라져 있었다.

게르첸은 프랑스의 공상적 사회주의의 영향을 받아 당시의 러시아 지식인의 고민을 가장 강하게 느낀 사람이었다. 바쿠닌은 자유를 사랑했다. 그리하여 사유재산을 부정했다. 공산주의는 자유를 부정한다고 하여 집산주의를 제창했다. 또한 정치 행동은 모두 인정하지 않았다. 크로포트킨의 '아나키즘'은 자연과학을 중요시한 점에 특색이 있었다. 그러나 무정부공산주의를 주장하여 국가, 법률, 정치를 모조리 부정했다.

이와 같은 지식층의 움직임이 있는 반면 차리즘은 점점 강화되었다. 그러나 크리미아 전쟁에서 패배한 후 1861년 농노 해방을 채택하기에 이르렀다.

아메리카에서는 헌법 제정을 계기로 중앙집권주의의 페더럴리스트당과 지방 분권주의의 리퍼블리컨당의 대립이 있었다. 그러나 1800년에 후자로부터 나온 토머스 제퍼슨(1743-1826)이 대통령에 당선된 이래 부유 계급보다도 민중의 이익을 중시하는 정치를 지향하게 됐다. 소수의 의견은 다수의 의견을 따라야 한다는 미국의 민주주의의 기초가 여기에서 형성되었다. 외교 방침으로서는 제5대 대통령 먼로(1758-1831)가 제창한 먼로주의를 채택하기로 했다. 그 후 잭슨(1767-1845)이 대통령이 되었다. 그는 서부의 자영농민 출신으로 민주공화당의 지지를 받았다.

아메리카합중국은 지역별 이해 대립이 심했다. 1860년 링컨(1809-65)이 대통령에 당선되어 인도주의의 입장을 부르짖고 노예 폐지를 단행했다. 그리하여 그 다음해 노예 제도의 존속을 요구하는 남부 11주는 합중국에서 탈퇴하고 북부와의 사이에서 남북전쟁이 일어나 1865년까지 계속됐는데 결국 북부의 승리로 돌아갔다.

마르크스주의

19세기 중엽 마르크스주의라는 새로운 철학이 탄생했다. 마르크스(1818-83)와 엥겔스(1820-93)가 창시한 철학이다. 이것은 독자적인 세계관과 역사관을 갖고 인간 사회의 발전 과정을 분석하여 자본주의 사회가 사회주의 사회로 옮겨 가는 과정과 그것의 실현 방법을 설명하고 있다. 뿐만 아니라 과학적인 인식 방법을 채택하기 위해서 다른 사회주의 사상으로부터 구별하여 과학적 사회주의라고 불렀다. 이 사상은 독일의 관념론 철학, 영국의 고전파 경제학, 프랑스의 사회주의 등 세 흐름을 종합한 것이다. 또한 마르크스주의는 영국의 산업혁명과 프랑스의 정치혁명에서 자극되어 탄생하였다고 할 수도 있다.

마르크스는 처음에는 급진적 민주주의 입장에 서 있었지만 차츰 유물론과 변증법을 통일하는 사적 유물론으로 나가 계급투쟁 이론을 부르짖게 되었다. 그 당시는 프롤레타리아트의 계급의식도 매우 고조되어 1847년에는 영국 런던에서 공산주의자동맹이 결성되었다.

마르크스는 이 동맹의 위임을 받고 엥겔스와 함께 〈공산당선언〉을 기초했다. 1864년부터 76년에 걸쳐 제1인터내셔널이 결성되었다. 프롤레타리아트는 스스로의 해방을 위하여 국제적인 제휴의 기관을 갖기에 이르렀다.

마르크스주의는 모든 관념론을 독단이라고 생각하고 변증법적 유물론을 유일한 과학적 진리라고 하였다. 그리하여 사유에 대하는 존재의 우위를 인정하고 우주의 온갖 사상을 생성유전(生成流轉)하는 것으로 규정하고 유물사관의 공식을 세웠다. 또한 자본주의 사회에 있어서의 잉여가치의 원천을 밝히고 사회주의 사회로 옮겨 가는 변화의 과정을 과학적으로 설명했다. 여기에서는 유사 이래의 사회의 역사를 계급투쟁의 역사로 보는 것이 전제가 되어 있으며, 사회주의 사회는 공산주의 사회에 이르는 과도적인 단계라고 생각하고 있다.

이 유물론이 유력해지는 한편 1860년대에는 유심론과 이상주의의 철학이 부활하여 신칸트파가 나타났다. 이 파는 칸트의 인식론에의 복귀를 지향하는 파였다. 우선 랑게(1828-75)가 칸트적인 이상주의를 부르짖었고, 거기에 따라서 코엔(1842-1918), 나토르프(1854-1924) 등의 마르부르크학파가 주로 자연과학의 기초적인 작업을 했다. 빈델반트(1848-1915), 리케르트(1863-1936) 등의 서남독일학파는 역사과학, 문화과학의 연구에 중점을 두었다. 또한 90년대에는 마르크스주의를 비판하여 수정하려 하는 일파가 마르크스주의자 내부에서 나왔다. 이것이 수정 마르크스주의다. 베른슈타인(1850-1932)이 이 사상을 대표하는 사람이다. 그는 칸트의 비판정신을 사회주의에 주입시키려 했다. 그리하여 계급투쟁을 배격하고 의회주의나 노동조합 운동을 중시했다. 수정 마르크스주의는 오스트리아, 프랑스, 이탈리아에도 파급되었다.

영국의 사회주의는 19세기 말로부터 20세기에 걸쳐 특색을 나타냈다. 그것은 모든 개혁을 개인의 도덕적 개혁 위에 놓으려 했다. 1884년 페이비언 협회가 설립되었다. 버나드 쇼(1856-1950), 시드니 웹 (1859-1941)과 그 부인 베아트리스(1858-1943), 그레이엄 월리스(1858-1932) 등이 유력한 회원이었다. 당시 영국의 노동자는 조합운동이나 선거권의 행사에 의해서 발언권을 넓히고 있었다. 여기서 협회는 국민이 사회적 양심에 눈을 떠야만 합법적인 수단으로 사회주의를 실현할 수 있다고 생각하였다. 그리하여 《페이비언 사회주의 논집》 등의 저서에 의한 계몽운동, 노동 조사, 부인운동, 정당에의 참가 등 이런 것으로써 지적(知的)인 원조를 하고 있었다.

실증주의의 사조

실증주의도 19세기를 대표하는 사조이다. 프랑스의 콩트(1798-1857)는 사회를 하나의 유기체로 보는 사회학을 시작했고, 영국의 스펜서(1820-1903)는 과학을 종교로부터 분리시켰다. 이밖에 독일에서도 니체(1844-1900)의 생(生)의 철학이 탄생했다. 니체는 19세기 말기의 시민 사회의 퇴폐를 직시하고 모든 가치의 변혁을 기도하여 초인주의에 달했다. 또 프랑스의 베르크송(1859-1941)은 인간정신이 물질로부터 독립을 해야 한다고 주장했다.

19세기는 '역사의 세기'라고도 불린다. 특히 독일에서는 사학의 발달이 눈부셨다. 우신 랑케(1795-1886)가 헤겔의 뒤를 받아 세계사를 통일적으로 해석하고 문헌에 근거를 둔 객관적 방법을 사용했다. 이 객관주의에 만족하지 않는 역사가들은 프러시아학파를 형성했다. 트라이치케(1834-96), 몸젠(1817-1903) 등으로서 그들은 역사학을 자기 나라의 자유주의나 통일운동에 도움이 되게 하려고 생각했다. 프랑스에서는 기조가 프랑스 근대 역사학을 정리하는 한편 대혁명의 역사 연구도 게을리하지 않았다. 영국이나 미국에서도 자기 나라의 역사를 한데 모은 책이 나타났다.

이 시대에 독일에서는 역사파 경제학이 등장했다. 영국의 정통파 경제학이 경제법칙을 보편주의적으로 고찰한 데 반해서 이 학파는 상대주의를 취했다. 개별성과 역사성을 중요시하고 경제법칙을 역사법칙으로서 이해했다. 이 경향은 프리드리히 리스트(1789-1846)에서 볼 수 있으나, 19세기 중엽에 와서 로셔(1817-94), 힐데브란트(1812-78), 크니스(1821-

98) 등이 명확한 형을 만들어 놓았다. 또다시 80년대에 들어서 슈몰러(1838-1917) 등의 신역사경제학파가 나와 역사적 방법에 의한 특수 연구를 주장했다. 여기에서 강단사회주의의 이론이 나왔다. 이것은 모든 독일 사회개량주의의 경제학으로 슈몰러, 아돌프 바그너(1835-1917)와 브렌타노(1844-1931)가 여기에 속한 사람들이었다. 그들은 사유재산 제도를 인정하고 공공기업 등의 국유화, 공장법 등에 의한 노동자의 보호를 주장했다.

로맨티시즘과 사실주의

19세기의 문예사조는 전반기의 로맨티시즘과 후반기의 사실주의로 크게 나눌 수 있다.

낭만주의자들은 온갖 구속을 벗어나 자유를 희구하여 감정이나 미적 가치를 우월한 것으로 생각하고 고전주의와 합리주의에 반항했다. 영국의 낭만주의는 시가 그것을 대표했다. 1789년의 워즈워스(1770-1850)와 콜리지(1772-1834)의 서정시집 을 선구로 하여 바이런(1788-1824), 셸리(1792-1822), 키츠(1795-1821)에 와서 꽃을 피웠다. 독일에서는 19세기 초에 괴테(1749-1832), 실러(1759-1805)를 중심으로 한 고전주의가 번영했지만 여기에 대항하는 움직임으로 낭만주의가 등장했다. 정치적 · 사회적으로 나쁜 상태 속에서 꽃을 피웠기 때문에 주관적인 개인주의, 자아의 절대적 자유를 고창했다. 슈레겔 형제(형 1767-1845, 동생 1772-1829)나 노발리스(1772-1801)가 그 이념을 주장했다. 그들은 혁명적 기분에 넘쳤지만 한편으로는 국수주의와 연결되는 경향도 있었다.

프랑스에 있어서는 루소(1712-78)의 "자연으로 돌아가라"는 사상과 정열 해방의 외침이 자극을 주었지만 샤토브리앙이나 뮈세(1810-57) 등에서는 일종의 비애감정(悲哀感情)이 흐를 뿐이었다. 그것은 혁명에 의해서 생긴 몰락귀족의 마음속의 부르짖음같이 생각되기도 한다. 이들과는 달리 스탕달(1783-1842), 위고 (1802-85), 뒤마(1802〔또는 03〕-70) 같은 소설가에게서는 자유 추구의 정열과 새로운 시민 사회의 발흥이 느껴진다. 미국에서도 30년대부터 60년대에 걸쳐서 경제력의 발전을 배경으로 문학자가 계속해서 나왔다. 러시아에서는 나폴레옹군의 침입이 있은 뒤 프랑스 문화의 수입이 왕성해졌고 농노해방을 원하는 청년귀족들 사이에 로맨틱한 풍조가 넘쳐 국민 시인 푸슈킨(1799-1837)이 배출되었다. 그러나 데카브리스트의 난이 실패한 후 지식인은 회의와 권태에 빠져 갔다.

사실주의는 로맨티시즘에의 반발로 일어났는데, 그것은 대상의 적나라한 모습을 헤쳐 내려 했다. 자연주의는 이런 사실주의의 태도에 기초를 두고 나왔는데, 인간의 일상 생활을 자연과학적으로 본다는 것과 인간의 집합 생활에 사회과학적인 분석을 가하여 보는 방법이 포함되어 있었다. 이 경향은 이미 스탕달이나 발자크(1799-1850)에게 인식되었지만, 프랑스의 플로베르(1821-80)에 와서 현저하게 나타나 있고, 졸라(1840-1902)의 과학실험적 창작 방법을 거쳐 모파상(1850-93)에로 발전했다. 이 무렵 북구에서도 세계적 문호가 나왔다. 입센(1828-1906)은 사회 문제라든가 사상을 그의 희곡에 담았다. 러시아에서는 고골리(1809-52)가 사실주의를 일으켰고, 도스토예프스키(1821-81)가 나왔다.

사실주의와 자연주의가 유럽을 풍미했으나 세기말이 되자 객관 묘사보다도 감각을 중요시하는 인상주의, 신로맨티시즘의 전성기가 왔다. 다시금 관능주의도 나와 보들레르(1821-67) 등의 프랑스 데카당 시인이 나왔고, 영국의 와일드(1814-1900) 같은 탐미파도 환영을 받았다.

한편 미술계에 있어서도 문학과 같은 모양의 변화를 볼 수 있다. 세잔(1839-1906), 고흐(1853-90), 로댕 (1840-1917) 등이 이 시대를 대표하고 있다. 그리고 음악에서는 18세기에 발달한 고전음악이 모차르트(1756-91), 베토벤(1770-1827)에 이르러 근대 음악으로 완성되있나.

자연과학의 영역에서는 헬름홀츠(1821-94)의 '에너지 보전의 법칙'의 확립, 다윈(1809-82)의 '생물 진화론'의 발표, 슐라이덴(1804-81)과 슈반(1810-82)의 유기체 세포의 발견 등이 있다. 이밖에도 리비히(1803-73)에 의한 유기화학의 창시, 퀴리 부부(남편 1859-1906, 아내 1867-1934)의 라듐 발견, 에디슨(1847-1931)의 전기 관계 발명, 파스퇴르(1822-95)의 미생물의 발견, 코흐(1843-1910)의 세균학 등이 끊임없이 이 무렵의 자연과학계를 장식했다.

―하권에 계속 이어짐―

철학 이야기(상)

발행일 | 2023년 9월 25일 초판 1쇄 발행

엮은이 | 현대사상연구회   **펴낸이** | 윤형두 · 윤재민
펴낸곳 | 종합출판 범우(주)   **교 정** | 마희식
표지디자인 | 윤 실   **인쇄처** | 태원인쇄

등록번호 | 제406-2004-000012호 (2004년 1월 6일)
         (10881) 경기도 파주시 광인사길 9-13 (문발동)
대표전화 | 031-955-6900   **팩 스** | 031-955-6905
홈페이지 | www.bumwoosa.co.kr   **이메일** | bumwoosa1966@naver.com

ISBN   978-89-6365-543-7   03100

* 책값은 뒤표지에 있습니다.
* 잘못된 책은 바꾸어드립니다.